HGB Crashkurs

Der sichere Weg durch die Prüfung

Prof. Dr. Michael Timme

So nutzen Sie dieses Buch

Die folgenden Elemente erleichtern Ihnen die Orientierung im Buch:

Beispiele

In diesem Buch finden Sie zahlreiche Beispiele, die die geschilderten Sachverhalte veranschaulichen.

Definition

Hier werden Begriffe erläutert.

! Die Merkkästen enthalten die wichtigsten und zentralen Informationen.

Checkliste	
Anhand von Checklisten werden Prüfungsanforderungen transparent.	✓

Auf den Punkt gebracht
Hier finden Sie prägnante Zusammenfassungen.

Inhalt

Vorwort

Dieses Buch wendet sich an die Anfängerin, den Anfänger im Handels- und Wirtschaftsrecht und soll einen ersten Zugang zu dieser Materie vermitteln. Ferner können auch bereits fortgeschrittene Studierende das Buch nutzen, wenn sie eine knappe und kompakte Wiederholung wünschen.

Eine Befassung mit dem Handelsrecht setzt Grundkenntnisse im Zivilrecht voraus, wie sie etwa der in gleicher Aufmachung erschienene *BGB Crashkurs* vermittelt.

Aufgrund der angestrebten konzentrierten Vermittlung grundlegenden Wissens habe ich darauf verzichten müssen, abweichende Meinungen zu verschiedenen Rechtsfragen und vertiefende Literaturnachweise darzustellen. Das Buch folgt daher den Auffassungen der Rechtsprechung. An vielen Stellen könnte man sich naturgemäß durchaus wissenschaftlich kritisch mit diesen Ansichten auseinandersetzen. Das vermag dieses Buch angesichts seiner Zielsetzung als Einstiegsliteratur indes nicht zu leisten.

Das Buch befindet sich auf dem Stand Mai 2012.

Aachen, im Mai 2012

Dr. Michael Timme

Professor für Bürgerliches Recht, Handels- und Wirtschaftsrecht an der University of Applied Sciences Aachen
Richter am Landgericht Aachen
Mitglied des Justizprüfungsamtes bei dem Oberlandesgericht Köln

Grundlagen des Handelsrechts

Handelsrecht als Sonderprivatrecht

Das Handelsrecht bezeichnet man auch als „Sonderprivatrecht der Kaufleute". Es bildet einen eigenständigen Teil des Privatrechts.

Merke
Anknüpfungspunkt für das Handelsrecht ist regelmäßig, dass ein Kaufmann an einem Rechtsgeschäft beteiligt ist.

Das Handelsrecht folgt damit dem subjektiven System; es geht also nicht allein vom Gegenstand des Geschäfts aus, sondern knüpft an die Person der Beteiligten an.

Beispiel

Kaufmann K ordert bei Kaufmann X 100 Paletten Tomatendosen „fix zum 1.11.", die er dringend zur weiteren Verarbeitung benötigt. K ist in besonderer Weise darauf angewiesen, dass X diesen Termin einhält. Gerade bei Kaufleuten besteht häufig besondere Eile. Zudem ist X im Rahmen der Vertragsdurchführung daran interessiert, den Kaufpreis fest einplanen zu können. Ein Widerrufsrecht nach BGB wäre da hinderlich.

Zudem kennt das HGB eine Vielzahl von Regelungen, die auch nicht kaufmännische Unternehmen einbeziehen. Deshalb enthält es in weiten Teilen auch Sonderprivatrecht der Gewerbetreibenden.

Beispiel

Die Grundsätze des kaufmännischen Bestätigungsschreibens können unter bestimmten Voraussetzungen auch für Nichtkaufleute eingreifen.

Für Kaufleute gelten also grundsätzlich die allgemeinen Bestimmungen des Privatrechts, etwa §§ 433 ff. BGB.

Gleichwohl tragen Sonderregeln des HGB den besonderen Anforderungen des Handelsrechts Rechnung.

Merke
Das HGB enthält Ausnahmeregelungen, ergänzt oder modifiziert die Bestimmungen des BGB, bleibt aber mit dem BGB eng verknüpft.
Sonderregeln des HGB haben Vorrang vor dem BGB.

Zudem enthält das BGB auch viele Regelungen, die für einen Unternehmer als Kunden nicht gelten.

Beispiel

§ 474 BGB („Begriff des Verbrauchsgüterkaufs“) stellt darauf ab, dass der Käufer Verbraucher ist. Widerrufsrechte werden nur Verbrauchern eingeräumt.

Merke
Bei Beteiligung eines Kaufmanns an einem Rechtsgeschäft ist festzustellen, ob Sonderregelungen greifen. Das HGB enthält gegenüber dem BGB oftmals Spezialregelungen für Kaufleute, die dann Vorrang gegenüber dem BGB haben.

Beispiel

Kaufleute können sich gemäß § 350 HGB formfrei verbürgen. Das könnte ein Verbraucher gemäß § 766 BGB nicht; seine mündliche Bürgschaft wäre gemäß § 125 S. 1 BGB nichtig.

Das Handelsrecht enthält solche Spezialregeln, um den besonderen Erfordernissen des kaufmännischen Rechtsverkehrs Rechnung zu tragen.

Merke
So ist beispielsweise das Handelsrecht auf eine besonders schnelle Abwicklung angelegt. Schwerfällige Regelungen und Bestimmungen würden den Ablauf behindern.

Beispiele

Kaufleute können bei Annahmeverzug gemäß § 373 Abs. 2 HGB Ware versteigern lassen, was das BGB nicht vorsieht.

§ 377 HGB enthält Sonderregeln für den Handelskauf, die eine zügige Abwicklung ermöglichen.

§ 350 HGB vereinfacht die Stellung von Sicherheiten durch einen Kaufmann.

§ 362 HGB führt zu einem vereinfachten Vertragsschluss.

Kaufleute sind außerdem darauf angewiesen, die Kosten einer Lagerhaltung gering zu halten.

Ferner sind sie viel weniger schutzbedürftig als etwa Verbraucher. Jeder Kaufmann, der am Rechtsverkehr teilnimmt, muss daher weitgehend selbst auf seine Interessen achten, ohne dass er auf den Schutz bestimmter Vorschriften bauen kann.

> ***Beispiel***
>
> *§ 766 BGB („Schriftform der Bürgschaftserklärung") ist für Kaufleute nicht anwendbar, vgl. § 350 HGB.*

> ***Beispiel***
>
> *Kaufmann K bestellt Ware unter Geltung der allgemeinen Geschäftsbedingungen (AGB) des X. Dann finden gemäß § 310 Abs. 1 S. 1 BGB die §§ 308, 309 BGB (Klauselverbote) grundsätzlich keine Anwendung. Allerdings ist gemäß § 310 Abs. 1 S. 2 BGB im Rahmen des § 307 BGB eine Prüfung vorzunehmen, ob nicht auch ein Kaufmann ausnahmsweise unangemessen benachteiligt ist. Anders als bei einem Verbraucher gilt das bei einem Verstoß gegen §§ 308, 309 BGB aber nicht automatisch.*
>
> *Wenn etwa dem K gegenüber in den AGB eine Annahmefrist von zwei Monaten vorbehalten wird, ist diese Klausel nicht automatisch gemäß § 308 Nr. 1 BGB unwirksam, wie das gegenüber einem Verbraucher wohl der Fall wäre. Bei einem Unternehmer als Klauselgegner muss hingegen gemäß § 310 Abs. 1 S. 2 BGB geprüft werden, ob ihm gegenüber die Klausel ebenfalls unangemessen ist. Das hängt davon ab, ob man einem Unternehmer als Kunden hier längere Wartezeiten zumuten kann. Mit anderen Worten ist eine wertende Entscheidung notwendig, die bei einem Verbraucher gemäß § 308 BGB gerade nicht notwendig wäre.*

Zudem werden geschäftliche Risiken durch die handelsregisterliche Publizität reduziert. Hierin zeigt sich der gesteigerte Verkehrsschutz.

Kennzeichnend für das Recht der Kaufleute sind

- Selbstverantwortlichkeit
- Schnelligkeit und Einfachheit und
- gesteigerter Verkehrsschutz.

Merke
Kaufleute und Unternehmer gemäß § 14 BGB darf man nicht verwechseln. Der Begriff des Unternehmers ist viel weiter gefasst.

Beispiel

Der selbstständige Rechtsanwalt R handelt im Rahmen seiner Tätigkeit als Unternehmer, aber nicht als Kaufmann.

Merke
Jeder Kaufmann handelt bei seinen Handelsgeschäften als Unternehmer, aber nicht zwingend umgekehrt!

Was im Übrigen unter dem Begriff „Unternehmen" zu verstehen ist, wird nicht gesetzlich geregelt.

Merke
Das Unternehmen begreift man als organisatorische Einheit von personellen und sachlichen Mitteln, die einen wirtschaftlichen Zweck erreichen sollen.

Das Unternehmen selbst ist aber kein eigenständiges Rechtssubjekt. Abzustellen ist auf den Rechts- bzw. Unternehmensträger, dem die entsprechenden Rechte und Pflichten als Rechtssubjekt zugeordnet werden.

Beispiel

Das gilt z. B. für den Einzelkaufmann, der Unternehmensträger ist. Gemäß § 124 HGB ist etwa die OHG ein eigenständiger Rechtsträger.

Das Unternehmen ist wiederum vom Betrieb im arbeitsrechtlichen Sinne abzugrenzen. Der Betriebsbegriff ist zumeist enger als der Unternehmensbegriff.

Bedeutung hat der Unternehmensbegriff ferner im Konzernrecht, im Mitbestimmungs- und im Wettbewerbsrecht.

Außerdem können sich Verpflichtungsgeschäfte auf ein Unternehmen als Ganzes beziehen.

Beispiel

Kaufmann K veräußert sein gesamtes Fabrikationsunternehmen. Wichtig ist dann die Frage, ob hier ein Fall des § 437 BGB (Mangel des Unternehmens) vorliegt, wenn etwa die Umsatzzahlen falsch sind. Die Praxis löst dieses Problem in aller Regel über Zusicherungen des Veräußerers. Dazu sichert der Veräußerer dem Käufer im Kaufvertrag bestimmte Umsatzzahlen oder auch Kundenbeschreibungen ausdrücklich zu. Dadurch entsteht eine eigenständige Haftung des Veräußerers.

Wie bereits gesehen, ist das Handelsrecht im Kern für Kaufleute gedacht.

Aus Gründen des Verkehrsschutzes werden jedoch einzelne Vorschriften des HGB auch auf Nichtkaufleute angewendet. Dies kann allerdings nur in Ausnahmefällen gelten.

Beispiel

Die Grundsätze des kaufmännischen Bestätigungsschreibens können ausnahmsweise auch für Freiberufler Anwendung finden. Gleiches gilt, wenn etwaige Handelsbräuche schon allgemeine Verkehrssitte geworden sind.

Wenn die öffentliche Hand Unternehmen betreibt, ist jenseits von § 6 Abs. 1 HGB im Einzelnen festzustellen, ob die Vorschriften des HGB Anwendung finden können. Jedenfalls gelten sie nicht, wenn die Tätigkeit öffentlichrechtlich ausgestaltet ist.

Beispiel

Die Deutsche Bahn ist als Aktiengesellschaft aufgrund von § 6 Abs. 1 HGB Kaufmann.

Gleiches gilt für die Post.

Öffentliche Versorgungsunternehmen sind zumeist nicht als Kaufleute anzusehen, wenn sie nicht bereits aufgrund ihrer Rechtsform § 6 Abs. 1 HGB unterfallen.

Vorrang vor dem HGB kann das internationale Handelsrecht besitzen. Hier sind zu nennen

- das Wiener UN-Übereinkommen vom 11.4.1980 über Verträge über den internationalen Warenkauf (CISG),
- das Genfer Übereinkommen vom 19.5.1956 über den Beförderungsvertrag im internationalen Straßengüterverkehr (CMR) sowie
- das Warschauer Übereinkommen vom 22.10.1929 zur Vereinheitlichung von Regeln über die Beförderung im internationalen Luftverkehr.

Merke
Ob deutsches oder ausländisches Recht zur Anwendung kommt, ist nach den Regelungen des internationalen Privatrechts zu beurteilen.

Für ab dem 17.12.2009 geschlossene Verträge gilt insoweit die Rom-I-VO. Hier sind insbesondere Art. 3 ff. Rom-I-VO zu beachten.

Soweit diese die Kaufmannseigenschaft voraussetzen, muss diese Teilfrage angeknüpft werden. Das richtet sich dann nach dem Vertragsstatut mit einer Prüfung im Sachrecht, ob die Kaufmannseigenschaft am Ort der Niederlassung im Wesentlichen äquivalent ist (sehr streitig).

Das Handelsgesetzbuch

Das Handelsgesetzbuch stammt ursprünglich aus dem Jahr 1897, wurde aber seitdem vielfach geändert.

Das HGB unterfällt in fünf Bücher:

- Handelsstand
- Handelsgesellschaften und stille Gesellschaft
- Handelsbücher
- Handelsgeschäfte
- Seehandel.

Im Zentrum des HGB steht der Kaufmann.

Der europäische Einfluss im Handelsrecht ergibt sich aus Art. 288, 4 AEUV. Danach haben deutsche Gerichte etwaige europäische Vorgaben zu beachten.

Handelsrechtliche Streitigkeiten sind bürgerliche Rechtsstreitigkeiten gemäß § 13 GVG. Folglich sind in erster Instanz im Allgemeinen die Amts- bzw. Landgerichte zuständig.

Besonderheiten bestehen nur insofern, als die Kammer für Handelssachen als besondere Zivilkammer des Landgerichts zuständig sein kann (§ 95 GVG). Hier wirken neben dem Berufsrichter (Vorsitz) sogenannte Handelsrichter mit, die keine Juristen sein müssen (§§ 105, 109 GVG).

Die internationale Zuständigkeit deutscher Zivilgerichte ist nach den örtlichen Zuständigkeitsnormen zu beurteilen (sogenannte Doppelfunktionalität), soweit nicht Staatsverträge vorgehen oder die EuGVO einschlägig ist.

Teilweise sind im Handelsrecht die Bestimmungen der §§ 374 ff. FamFG maßgeblich, soweit es sich um freiwillige Gerichtsbarkeit handelt. Das ist z. B. in Fragen des Handelsregisters oder der Firma wichtig.

Im Handelsrecht spielen zudem Schiedsgerichte eine große Rolle. Hier ist dann die Zuständigkeit der ordentlichen Gerichte im Rahmen des § 1032 ZPO ausgeschlossen.

Merke
Schiedsgerichte sind keine staatlichen Gerichte, sondern werden aufgrund freiwilliger Vereinbarung der Parteien tätig. Nur aufgrund dieser freiwilligen Unterwerfung sind die Parteien an den Schiedsspruch gebunden, weil Schiedsgerichte keine staatliche Hoheitsmacht ausüben.

Schiedsgerichte bieten aus Sicht der Parteien den großen Vorteil, dass sie anders als staatliche Gerichte nicht öffentlich verhandeln müssen.

Beispiel

Kaufmann X und Kaufmann K vereinbaren für ihre Streitigkeiten ein Schiedsgericht. Dieses Schiedsgericht kann dann alle Informationen, die im Verfahren geäußert werden, beraten und erörtern, ohne dass sie der Öffentlichkeit bekannt werden. Das ist insbesondere bei Geschäftsgeheimnissen interessant.

Der Begriff des Kaufmanns

Für die Feststellung, ob jemand Kaufmann ist, sind die §§ 1–6 HGB maßgeblich. Diese Feststellung ist zentral, da sie zur grundsätzlichen Anwendbarkeit des HGB führt.

Gemäß § 29 HGB muss sich jeder Kaufmann ins Handelsregister eintragen lassen (eingetragener Kaufmann; e. K.).

Eintragungspflichtig sind

- die Firma
- Ort der Niederlassung und
- die genaue Anschrift.

Insbesondere soll dadurch die Zustellung von Schriftstücken erleichtert werden.

Das Registergericht prüft die Anmeldung auf

- formelle und materielle Richtigkeit

- Zulässigkeit der Firma
- das Vorliegen eines Gewerbebetriebs und
- die Erforderlichkeit einer kaufmännischen Einrichtung im Rahmen des § 3 Abs. 2 HGB.

Die Anmeldepflicht wird gegebenenfalls gemäß § 14 HGB durchgesetzt.

Istkaufmann

Kaufmann ist gemäß § 1 Abs. 1 HGB jeder, der ein Handelsgewerbe betreibt.

Diese Regelung ist zwingend.

Merke
Allein maßgeblich ist damit das Handelsgewerbe, nicht etwa die persönlichen Fähigkeiten und Absichten des Handelnden.

Beispiel

X handelt mit Autos. Sein Betrieb ist ein Handelsgewerbe. Das ist X nicht bewusst; daher lässt er sich nicht ins Handelsregister eintragen. Dennoch ist er kraft Gesetzes Kaufmann aufgrund § 1 HGB, notfalls auch gegen seinen Willen.

Um die Kaufmannseigenschaft festzustellen, ist auf die Kriterien des § 1 Abs. 2 HGB einzugehen.

Die Kaufmannseigenschaft erfordert den Betrieb eines Gewerbes, das ein kaufmännisches Gepräge aufweist.

Definition Gewerbe

Gewerbe ist eine selbstständige, planmäßige, auf eine gewisse Dauer angelegte, nach außen gerichtete Tätigkeit in Gewinnerzielungsabsicht, die nicht freiberuflich ausgeübt wird.

Diese Frage muss aufgrund des Aufbaus von § 1 Abs. 2 HGB vorrangig untersucht werden. Das Gewerbe muss von einem Kaufmann betrieben werden, also müssen Rechtsgeschäfte getätigt werden, die demjenigen zuzurechnen sind, der daraus persönlich berechtigt oder verpflichtet wird.

Erforderlich ist damit eine rechtliche Eigenständigkeit, sodass Arbeitnehmer ausgeschlossen sind.

Merke
Freie Berufe werden nicht als Gewerbe angesehen. Für einzelne Berufsgruppen der freien Berufe ist das gesetzlich geregelt, etwa in § 2 Abs. 2 BRAO für Rechtsanwälte oder in § 32 Abs. 2 StBerG für Steuerberater. Unabhängig davon gehörten zu den freien Berufen auch Tätigkeiten, die in besonderer Weise von höchstpersönlichen Leistungen und Kreativität geprägt sind. Das gilt etwa für wissenschaftliche und künstlerische Tätigkeit auf hohem Niveau.

Beispiel

X richtet eine Homepage ein, bestellt Waren für 300000 EUR, mietet ein Lager und erzielt im Geschäftsjahr 01 einen Umsatz von 300000 EUR. Betreibt X ein Handelsgewerbe?

X erfüllt alle genannten Kriterien. Würde er gemäß Gewerbeordnung eine Erlaubnis benötigen, wäre auch dies für die Kaufmannseigenschaft ohne Belang.

Zu prüfen sind alle Kriterien:

Die Selbstständigkeit ist in § 84 Abs. 1 S. 2 HGB definiert. Selbstständig sind aber auch Personen, die in fremdem Namen handeln, z. B. Handelsvertreter.

Weiterhin ist erforderlich, dass eine Tätigkeit im Hinblick auf den Markt ausgeübt wird. Es muss also jemand als Anbieter von Waren oder Leistungen in Erscheinung treten, was auch nach außen hin erkennbar werden muss.

Bei einer Betriebsaufspaltung kann es etwa aufseiten der Besitzgesellschaft an einer marktbezogenen Tätigkeit fehlen. Gleiches gilt, wenn die Tätigkeit rein im Privatbereich verbleibt.

Planmäßigkeit verlangt, dass die Tätigkeit auf eine gewisse Dauer und eine unbestimmte Vielzahl von Geschäften angelegt ist.

Das Geschäftsvolumen für sich genommen ist bei einem Gewerbe jedoch nicht relevant. Eine Beschränkung der Tätigkeit auf einen kurzen Zeitraum ist ebenfalls unschädlich.

Ob die angestrebten Geschäfte für sich genommen erlaubt sind, ist für den Gewerbebetrieb nicht relevant (streitig).

Beispiele

- *A ist angestellt. Dann betreibt er kein Gewerbe (fehlende Selbstständigkeit).*
- *Zahnarzt Z betreibt als Freiberufler kein Gewerbe. Auch § 2 HGB ist auf ihn nicht anwendbar.*
- *W verwaltet nur sein eigenes Vermögen. Das ist für sich genommen keine gewerbliche Tätigkeit. Gleiches gilt, wenn W etwa an der Börse spekuliert.*

- *X ist Powerseller bei Ebay. Das ist für ein Gewerbe ausreichend.*
- *W eröffnet für die Dauer einer Messe einen Stand, um Waren zu verkaufen. Auch das ist eine Tätigkeit von hinreichender Dauer, sodass ein Gewerbe vorliegt*
- *K arbeitet als herausragende Künstlerin. Hier ist § 1 HGB mangels Gewerbe nicht erfüllt.*
- *X verkauft seinen Hausstand einmalig auf dem Flohmarkt, weil er auswandern will. Dann es fehlt an der hinreichenden Dauer.*
- *X betreibt einen Bordellbetrieb. Da Prostitution erlaubt ist, liegt in jedem Fall ein Gewerbebetrieb vor.*

In der Praxis stellen sich in diesem Kontext häufig zwei Probleme:

Zum einen ist die Absicht der Gewinnerzielung von der sogenannten „Liebhaberei" abzugrenzen.

Merke
Entscheidend ist die Absicht, Gewinne zu erzielen, sodass nicht maßgeblich ist, ob wirklich Gewinne realisiert werden.

Grundsätzlich kann man davon ausgehen, dass bei entgeltlichen Geschäften ein Gewinn erzielt werden soll. Das ist anders zu beurteilen, wenn eine Prognose dazu führt, dass auch langfristig keine Gewinne erzielt werden sollen.

Beispiel

X ist angestellt und betreibt in seinem Wohnzimmer noch abends einen kleinen Versandhandel. Dieser Handel hat hohe Kosten (beruflich genutzter PKW etc.), aber fast keine Einnahmen. Wenn hier keine Prognose für die Absicht der Gewinnerzielung spricht, liegt kein Gewerbe vor, sondern „Liebhaberei".

Gleiches gilt, wenn X eine Ferienwohnung kauft, die er angeblich vermieten will, aber keinerlei Mieteinnahmen erzielt, sondern die Wohnung überwiegend selbst nutzt.

Ein weiteres Problem sind Freiberufler, die noch weitere Einnahmen erzielen.

Beispiel

Steuerberater S verkauft in seiner Steuerberaterpraxis in größerem Umfang PCs und Handys. Das könnte dazu führen, dass insgesamt nicht mehr von einer freiberuflichen Praxis, sondern einem Gewerbe auszugehen ist (Gewerbesteuer!). In jedem Fall gilt die Ausnahme aus dem Gewerbebegriff nur für die Erbringung der höheren Dienste selbst.

Nach § 1 Abs. 2 HGB muss das Gewerbe ein kaufmännisches Gepräge haben.

Der Aufbau des § 1 Abs. 2 HGB enthält dafür eine Beweislastregel in Form einer Vermutung für eine kaufmännische Prägung.

Merke

Maßgeblich ist der Gesamteindruck des Unternehmens. Entscheidend ist, ob eine kaufmännische Einrichtung den Umständen nach erforderlich ist, nicht ob sie wirklich vorhanden ist.

Die Rechtsprechung zieht dabei verschiedene Kriterien heran. Maßgeblich ist zunächst der Umsatz, die weiteren Kriterien werden als Hilfskriterien betrachtet:

- Umsatz
- Mitarbeiterzahl
- Lagerhaltung
- Erfordernis einer Buchhaltung
- Kreditgeschäfte.

Zunächst ist also der Umsatz zu betrachten. Die Gerichte orientieren sich oftmals an der Kennziffer von ca. 250000 EUR p. a. Wird diese Grenze überschritten, kann man von der Notwendigkeit einer kaufmännischen Einrichtung ausgehen, sofern nicht die anderen Kriterien eindeutig dagegen sprechen.

Beispiel

X betreibt eine Kantine, die von vielen Menschen besucht wird. Sein Umsatz übersteigt 250000 EUR p. a. Gleichwohl hat X nur zwei Gerichte zur Auswahl, akzeptiert nur Barzahlung, hat nur einen Mitarbeiter und keine Lagerhaltung, weil die Ware täglich angeliefert wird. Hier ist keine kaufmännische Einrichtung notwendig.

Andererseits kann auch bei einem geringeren Umsatz doch ein Kaufmann gegeben sein.

Beispiel

X erzielt 200000 EUR Umsatz p. a. Allerdings hat er zahlreiche Mitarbeiter und erfüllt alle anderen Kriterien.

Checkliste: Kaufmann	
1. Ist ein Gewerbe gegeben?	✓
2. Umsatz über/unter 250000 EUR p. a.?	
3. Sprechen die anderen Kriterien für oder gegen die Notwendigkeit einer kaufmännischen Einrichtung?	
4. Wie ist das Gesamtgepräge?	

Beispiel Titel

Der Betreiber eines Kiosks mit einem monatlichen Umsatz von 5000 EUR ist regelmäßig kein Kaufmann.

Die Kaufmannseigenschaft hat viele Konsequenzen.

Kaufleute sind

- zur kaufmännischen Buchführung verpflichtet (§ 238 ff. HGB)
- dürfen und müssen eine Firma führen
- haben die §§ 343 ff. HGB zu beachten
- werden im Rechtsverkehr strenger behandelt (siehe etwa § 377 HGB)
- können gemäß § 38 ZPO einen Gerichtsstand vereinbaren.

Für Kaufleute gelten zudem im Arbeitsrecht Besonderheiten, denn kaufmännische Angestellte sind in §§ 59 ff. HGB besonders geregelt.

Neben § 1 HGB kann man auch aus anderen Gründen Kaufmann werden.

Kannkaufmann (§ 2 HGB)

Von besonderer Bedeutung ist § 2 HGB.

Wenn jemand ein Gewerbe betreibt, kann er freiwillig durch Eintragung Kaufmann werden. § 2 HGB stellt das ins Belieben des Gewerbetreibenden. Ihm wird der Weg in das Handelsregister eröffnet. Damit ist die Eintragung konstitutiv für den Erwerb der Kaufmannseigenschaft. Nach Eintragung gelten alle Sonderregeln für Kaufleute.

Unter § 2 HGB fallen nur Personen, die ein Gewerbe betreiben und nicht schon gemäß § 1 HGB Kaufleute sind. Erfasst werden auch Personen, die nur ein ganz kleines Gewerbe betreiben. Weitere Grenzen gibt es nicht.

> ***Beispiel***
>
> *Z handelt in kleinem Umfang mit Autos. Er lässt sich gleichwohl als Kaufmann eintragen (e. K.)*

Es handelt sich also um ein reines Wahlrecht.

Mit der Eintragung erwirbt der Gewerbetreibende bei § 2 HGB die Kaufmannsstellung.

Eine spätere Löschung ist gemäß § 2 S. 3 HGB möglich, sofern der Gewerbetreibende weiterhin nicht die Voraussetzungen des § 1 Abs. 2 HGB erfüllt. Das ist vom Registergericht zu prüfen. Die Löschung führt zum Verlust der Kaufmannseigenschaft.

Allerdings hat die Eintragung die Rechtswirkungen des § 5 HGB (Kaufmann kraft Eintragung, siehe unten) zur Folge. Die Entscheidung für eine Eintragung ist damit von erheblicher Tragweite.

Beispiel

Z e. K. hat Streit mit einem Lieferanten über die Bezahlung einer gelieferten Ware und möchte sich nun darauf stützen, dass sein Geschäft aufgrund der geringen Größe den Anforderungen des § 377 HGB nicht genügen könne. Selbst wenn das zutrifft, ist Z gemäß § 5 HGB an die Eintragung gebunden und muss auch § 377 HGB beachten.

Land- und Forstwirtschaft (§ 3 HGB)

Eine Sonderregel enthält § 3 HGB für Land- und Forstwirte. Diese können zwar gemäß § 3 Abs. 2 HGB Kaufleute werden, sind es aber nicht automatisch, weil § 1 HGB für sie nicht gilt. Land- und Forstwirte werden aus dem Anwendungsbereich des § 1 Abs. 2 HGB ausgenommen.

Definition Landwirtschaft

Landwirtschaft umfasst die Gewinnung pflanzlicher und tierischer Rohstoffe durch Landbau sowie deren Weiterverarbeitung oder -veräußerung.

Es muss also darum gehen, den Boden eigenständig zu nutzen.

Merke
Keine Landwirtschaft ist die bloße Weiterverarbeitung von angekauften Produkten.

Beispiel

X kauft Kanarienvögel und eröffnet eine Zucht. Das unterfällt nicht § 3 HGB. Wenn X jedoch Bienen hält und den gewonnenen Honig verarbeitet, kann dies § 3 HGB unterfallen.

Der Landwirt kann sich allerdings unter den Voraussetzungen von § 3 Abs. 2 HGB als Kaufmann eintragen lassen, wenn er eine kaufmännische Einrichtung benötigt.

Auch ein Nebenbetrieb ist nicht automatisch kaufmännisch (§ 3 Abs. 3 HGB). Hierfür muss aber eine Abhängigkeit des Nebenbetriebs vom Hauptbetrieb gegeben sein. Das setzt voraus, dass überwiegend eine Verwertung der Produkte des Hauptbetriebs stattfindet.

Beispiel

Landwirt L ist kein Kaufmann. Er eröffnet eine Mühle. Auch dadurch wird er kein Kaufmann. Wenn L allerdings die Mühle zu einer Großbäckerei ausbaut und daneben nur ein winziges Feld bestellt, greift die Ausnahme für Landwirte nicht mehr.

Kaufmann kraft Eintragung (§ 5 HGB)

Naturgemäß sind die Kriterien des § 1 Abs. 2 HGB mit gewissen Unschärfen verbunden. § 5 HGB schafft Klarheit: Mit Eintragung sind sämtliche Fragen des § 1 Abs. 2 HGB außer Streit gestellt.

Das schafft Rechtssicherheit und schützt den Rechtsverkehr. Letztlich enthält § 5 HGB dann eine Fiktion.

Es muss aber ein Gewerbebetrieb vorliegen, der auch betrieben wird.

Merke
Auf die Gutgläubigkeit der Beteiligten kommt es nicht an.

Der eingetragene Gewerbetreibende gilt als Kaufmann.

Merke
§ 5 HGB wirkt auch zugunsten des Eingetragenen.

Beispiel

X betreibt nur ein Kleingewerbe, ist aber gemäß § 5 HGB in das Handelsregister eingetragen. Wenn er nun Ware an Kaufmann K veräußert, gilt zugunsten des X § 377 HGB.

Formkaufmann (§ 6 HGB)

Handelsgesellschaften müssen sich aufgrund von § 6 HGB immer wie Kaufleute behandeln lassen. Damit gelten z. B. die Sonderregelungen für Kaufleute auch für eine OHG gemäß § 105 HGB. Da eine GmbH gemäß § 13 Abs. 3 GmbHG als Handelsgesellschaft gilt, gelten auch für eine GmbH gemäß § 13 Abs. 3 GmbHG, § 6 Abs. 1 HGB die Bestimmungen für Kaufleute.

Merke
Durch § 6 HGB werden bestimmte Rechtsformen den Kaufleuten grundsätzlich gleichgestellt.

Das hat insbesondere dann Bedeutung, wenn die Gesellschaft eigentlich kein Handelsgewerbe betreibt.

Beispiel

Die X GmbH verwaltet Vermögen. Ihr Gesellschaftszweck ist nicht auf den Betrieb eines Handelsgewerbes gerichtet. Gleichwohl greift § 6 HGB. Die Vorschriften für Kaufleute sind anwendbar.

Merke
Kaufleute sind dann auch die Gesellschafter einer OHG, nicht aber Aktionäre oder Vorstandsmitglieder einer AG oder die Gesellschafter bzw. Geschäftsführer einer GmbH.

Scheinkaufmann

§ 5 HGB stellt klar, dass man sich nach einer Eintragung in das Handelsregister nicht mehr darauf berufen kann, kein Kaufmann zu sein.

Darüber hinaus gibt es jedoch auch Gestaltungen, in denen jemand ohne Eintragung in das Handelsregister als Kaufmann auftritt.

Beispiel

Z vertreibt auf einem Online-Shop in geringem Umfang Waren. Bei Verhandlungen mit einem Lieferanten gibt er sich jedoch als „Kaufmann Z" aus, ohne ins Handelsregister eingetragen zu sein.

In einem solchen Fall muss sich der Handelnde an seinen Worten messen lassen (§ 242 BGB „Leistung nach Treu und Glauben"): Wer sich selbst als Kaufmann darstellt, ist daran gebunden und muss sich von gutgläubigen Dritten auch wie ein Kaufmann behandeln lassen.

Entscheidend ist, dass ein Rechtsschein gesetzt wird, auf den der Rechtsverkehr bauen darf. Häufig geht es um Fälle, in denen sich jemand kaufmännischer Einrichtungen bedient oder eine Firma benutzt.

Beispiel

Z erteilt in der Öffentlichkeit dem P Prokura. Da die Erteilung einer Prokura einem Kaufmann vorbehalten ist, kann der Rechtsverkehr daraus auf eine Kaufmannseigenschaft des Z schließen. Wenn Z eine Firma verwendet, indem er sich „Z e. K." nennen lässt, ist dies ebenfalls ausreichend für einen Scheinkaufmann.

Nicht ausreichend ist jedoch z. B. die Verwendung von allgemeinen Geschäftsbedingungen. Das lässt nicht zwingend auf einen Kaufmann schließen.

Wenn jemand Scheinkaufmann ist, muss er sich daran messen lassen. Z müsste daher etwa § 377 HGB beachten.

Die Firma des Kaufmanns

Zu den Standardfragen des Handelsrechts gehören Aspekte der Firmierung des Kaufmanns.

Definition Firma

Firma ist der Handelsname des Kaufmanns, § 17 HGB.

Die Alltagssprache verwendet den Begriff „Firma" zumeist als Bezeichnung für das gesamte Unternehmen: „L betreibt in München eine Firma für Bekleidung." Das ist aber nicht der rechtliche Inhalt des Begriffs „Firma" im HGB.

Die maßgeblichen Regelungen zur Firmenbildung finden sich in §§ 18, 19, 30 HGB. Die Firma hat damit eine zentrale Funktion: Sie muss zur Kennzeichnung geeignet sein und Unterscheidungskraft besitzen. Zudem darf sie nicht irreführend sein.

Für ein Unternehmen darf nur eine Firma gewählt werden.

Der Kaufmann hat in den Grenzen der oben genannten Paragrafen Wahlfreiheit bei der Auswahl seiner Firma.

Merke
Aufgrund von § 29 HGB ist der Kaufmann gezwungen, eine Firmierung zu wählen und eintragen zu lassen.

§ 17 HGB stellt klar, dass nur Kaufleute eine Firma haben.

Beispiel

A, B und C bilden eine Gesellschaft bürgerlichen Rechts (GbR) und wollen sich eine Firmierung geben. Das ist mangels Kaufmannseigenschaft nicht möglich. Allenfalls können sie eine Geschäftsbezeichnung wählen, die aber nicht am Firmenschutz des HGB teilnimmt.

Eine Firma wird vom HGB gegen Missbräuche durch andere geschützt, § 37 HGB.

Beispiel

Kaufmann K möchte sich an die bereits bestehende Firma Toasterfix Valentin Vielzutun e. K. „anlehnen" und sich auch Toasterfix nennen. Dagegen könnte V gemäß § 37 Abs. 2 HGB vorgehen.

Die gewählte Firma

- muss zur Kennzeichnung geeignet sein
- muss Unterscheidungskraft besitzen und

darf keine irreführenden Angaben enthalten (§§ 18 Abs. 2, 19 HGB).

Zulässig sind Personen-, Sach-, Fantasie- und Firmenmischformen. Dabei hat der Kaufmann die Wahl.

Eine Irreführung liegt vor, wenn die Angaben bei den in Bezug genommenen Verkehrskreisen eine fehlerhafte Vorstellung hervorrufen können.

Es kommt dabei nicht darauf an, ob der Kaufmann wirklich täuschen möchte. Entscheidend ist die Eignung zur Täuschung im Hinblick auf geschäftliche Verhältnisse. Maßgebend ist hier die Durchschnittsauffassung.

Bezeichnungen, die zur Verwechslung mit dem Staat oder seinen Einrichtungen führen können, sind grundsätzlich unzulässig.

Ebenfalls Vorsicht geboten ist bei Verwechslungsgefahr mit wissenschaftlichen Einrichtungen, wenn der Eindruck einer wissenschaftlichen Tätigkeit aufkommen könnte.

Beispiel

Kaufmann V möchte seinen Copyshop Wissenschaftskopiergeschäft nennen.

Zahlreiche Zusätze sind zudem gesetzlich geschützt und dürfen nur in diesem Rahmen verwendet werden. Gleiches gilt für gesetzlich geschützte Berufsbezeichnungen, z. B.:

- Bank
- Sparkasse
- Versicherung
- Staatsanwalt
- Richter

- Arzt
- Wirtschaftsprüfer.

Zudem muss die passende Marktstufe abgebildet werden; so ist etwa bei „Herstellung und Vertrieb" auch eine Eigenproduktion Voraussetzung.

Wenn auf Größe und Umfang eines Geschäfts Bezug genommen wird, muss auch eine entsprechende Größe vorhanden sein. Gleiches gilt für geografische Hinweise.

> ***Beispiel***
>
> *Kaufmann K betreibt einen Kiosk. Wenn er keine deutschlandweite Bedeutung hat, kann er sich nicht Deutschland Kiosk e. K. nennen.*

Grundsätzlich hat man aber eine große Freiheit bei der Wahl der Firmierung.

> ***Beispiel***
>
> *Valentin Vielzutun handelt mit Toastern. Dann könnte er sich z. B. Valentin Vielzutun e. K., Toasterhandel e. K. oder auch Toastifix e. K. nennen.*
>
> *Wenn V nicht promoviert ist, kann er aber nicht „Dr. V e. K." als Firma auswählen, weil dies irreführend wäre. Und selbst wenn V promoviert wäre, könnte ein Doktortitel irreführend sein, wenn V etwa Doktor der Rechte ist, aber einen Schönheitssalon betreibt. Hier müsste V auf den Dr. jur. hinweisen.*
>
> *V darf sich nicht V Polizei e. K. nennen.*

Merke
Zur Kennzeichnung gemäß § 18 HGB sind nur Sprachzeichen geeignet, die auf den Kaufmann hinweisen. Bildzeichen sind unzulässig.

Beispiel

Kaufmann K möchte seine Firma mit „^^" kennzeichnen, weil er gehört hat, das stehe unter jungen Leuten für ein Augenzwinkern. Das würde gegen § 18 HGB verstoßen.

§ 30 HGB verlangt Unterscheidbarkeit. Diese Regelung ergänzt § 18 HGB. § 30 HGB stellt auf die Firmen am selben Ort bzw. derselben Gemeinde ab. Hier muss die Unterscheidung zu bereits bestehenden Firmen gewahrt werden.

Jede Gefahr einer Verwechselung muss ausgeschlossen sein. § 30 HGB dient dabei dem Schutz des Rechtsverkehrs. Nicht im Fokus steht der Schutz des Firmenrechts als Immaterialgüterrecht.

Beispiel

Bei gleichem Nachnamen kann die Unterscheidbarkeit durch Hinzufügung eines Vornamens hergestellt werden. Bei Sachfirmen erlaubt § 30 HGB aber die Verwendung des Geschäftsgegenstands, sodass sich an einem Ort mehrmals „Videothek" als Bestandteil der Firmen finden kann.

Dem Schutz des Inhabers der Firma dienen §§ 12 BGB, 14, 15 MarkenG.

§ 37 HGB gewährt Rechtsschutz gegen eine nicht erlaubte Führung. Es geht also um einen formellen Schutz der Firma. Gegen eine solche nicht erlaubte Firma kann das

Gericht gemäß § 37 Abs. 1 HGB von Amts wegen vorgehen. Zudem hat der (rechtmäßige) Inhaber einen Unterlassungsanspruch gemäß § 37 Abs. 2 HGB.

> ***Beispiel***
>
> *X verwendet unzulässig die Firma des Y. Dagegen können sowohl das Gericht als auch Y vorgehen.*

Unabdingbar sind die weiteren Anforderungen des § 19 HGB, sodass also die Rechtsform bzw. die Angabe zum eingetragenen Kaufmann nicht fehlen darf.

Der Paragraf erfasst auch Auslandsgesellschaften mit Niederlassung in Deutschland.

Sinnvolle Abkürzungen sind erlaubt.

> ***Beispiel***
>
> *V muss im Beispiel stets die Bezeichnung „e. K." (oder ähnlich gemäß § 19 HGB) anfügen.*

Firmenfortführung

Die Firma kann einen ganz erheblichen Wert bilden. Deshalb lässt das HGB in bestimmten Grenzen Firmenbeständigkeit zu. Die Firma kann allerdings gemäß § 23 HGB nicht vom Handelsgeschäft isoliert veräußert werden. Damit sollen sogenannte Leerübertragungen verhindert werden, die geeignet wären, den Rechtsverkehr zu täuschen. § 23 HGB zielt aber nur auf die alleinige Übertragung der Firma. Ein Mantelkauf, bei dem also die Firma mit einer Rechtsperson verknüpft übertragen wird, unterfällt nicht dem Verbot des § 23 HGB.

Einfache Fälle der Firmenfortführung regeln §§ 21, 24 HGB.

Bei § 21 HGB geht es um eine Namensänderung auf Inhaberebene.

Beispiel

Karl Knall betreibt ein Geschäft unter der Firma Karl Knall e. K. Wenn Knall nun heiratet und den Namen Müller annimmt, kann die Firma gleichwohl bestehen bleiben.

Gleiches gilt gemäß § 24 HGB bei der Aufnahme und beim Ausscheiden eines Gesellschafters.

Auch bei Erwerb eines Handelsgeschäfts darf gemäß § 22 HGB mit Einwilligung des bisherigen Inhabers die Firma fortgeführt werden. Dazu muss es sich um ein Handelsgeschäft handeln und die wesentlichen Einrichtungen zur Betriebsführung müssen übertragen werden.

Beispiel

Kaufmann K verkauft sein Handelsgeschäft an X. Das reicht für § 22 HGB aus. Wenn aber ein reiner Teilbetrieb oder ein Geschäftszweig übertragen werden, reicht es nicht aus.

Handelt es sich um einen Erwerb unter Lebenden oder von Todes wegen gemäß § 22 HGB, kann die Firma bei entsprechender Zustimmung fortgeführt werden. Der Veräußerer muss die Firma allerdings rechtmäßig geführt haben.

Beispiel

Kaufleute K & X hatten sich „& Partner" als Firma gewählt. Da diese Firma gegen § 11 Abs. 1 PartGG verstößt, kann sie auf einen Erwerber nicht übergehen.

Der Erwerber muss die Firma grundsätzlich unverändert fortführen, darf also nichts ändern oder weglassen, abgesehen von einem Nachfolgezusatz. Erlaubt sind aber kleinere Änderungen in der Schreibweise, die vom Rechtsverkehr als unproblematisch angesehen werden.

Beispiel

Der Erwerber nennt Spielphantasie Saugut e. K. nun Spielfantasie Saugut e. K.

Manche Änderungen sind sogar notwendig, wenn ansonsten bei der Fortführung eine Irreführung einträte.

Beispiel

Der bisherige Inhaber hatte die Firma Dr. Knall e. K. Hier kann die Fortführung des Doktortitels unter Umständen zu einer Irreführung führen.

Allerdings ist die Fortführung der Firma für den Erwerber wegen § 25 HGB nicht risikolos. Denn § 25 HGB führt zu einer Haftung des Übernehmers.

Es entsteht ein gesetzlicher Schuldbeitritt. Erfasst werden alle im Betrieb des Geschäfts begründeten Altverbindlichkeiten, ganz gleich aus welchem Rechtsgrund.

Beispiel

Beim Veräußerer waren die Voraussetzungen für die Verwirkung einer Vertragsstrafe eingetreten. Dafür muss dann auch der Erwerber haften.

Will der Erwerber die Haftung vermeiden, bleibt ihm die Möglichkeit, die alte Firma nicht fortzuführen oder einen Haftungsausschluss zu vereinbaren, der in der Form des § 27 Abs. 2 HGB kundgemacht wird. Diese Publizierung muss aber rechtzeitig erfolgen. § 27 HGB ordnet eine gleichlaufende Haftung des Erben an, sodass dort die gleichen Grundsätze gelten.

Schließlich enthält § 28 HGB noch eine allgemeine Haftungsregelung für den Eintritt in das Geschäft eines Kaufmanns.

Auch diese Regelung dient dem Verkehrsschutz. § 28 HGB greift auch, wenn die Firma nicht fortgeführt wird. Auch hier kommt es zu einem gesetzlichen Schuldbeitritt, der gemäß § 28 Abs. 2 HGB vermieden werden kann.

Checkliste: Firma	
1. Ist ein Kaufmann gegeben?	✓
2. Weist die gewählte Firma Unterscheidungskraft zu bestehenden Firmen auf (§ 30 HGB)?	
3. Ist sie zur Kennzeichnung geeignet?	
4. Ist sie nicht irreführend?	

Das Handelsregister

Der Handelsverkehr ist auf eine zügige und schnelle Abwicklung von Geschäften angewiesen. Um Transaktionskosten zu verringern, ist es hilfreich, möglichst viele Informationen über die Geschäftspartner zu sammeln.

Dieser Aufgabe dient u. a. das Handelsregister. Gemäß § 9 HGB kann jedermann dieses Register einsehen. Es wird vollkommen elektronisch geführt.

Gemäß § 12 HGB müssen Anmeldungen zur Eintragung elektronisch in öffentlich beglaubigter Form eingereicht werden. Auch etwaige notwendige Dokumente müssen elektronisch eingereicht werden. § 29 HGB sichert die Mitwirkung aller Kaufleute am Handelsregister.

Zudem sind Zweigniederlassungen gemäß § 13 HGB einzutragen. Bedeutsam ist auch § 13e HGB für Zweigniederlassungen ausländischer Gesellschaften.

Beispiel

Die X Limited mit Sitz im Vereinigten Königreich eröffnet in Aachen eine Zweigniederlassung. Diese ist dann in Aachen eintragungspflichtig.

Das Unternehmensregister enthält ebenfalls viele Angaben, vgl. § 8 ff. HGB. Es ist im Internet unter www.unternehmensregister.de einzusehen.

Das Unternehmensregister soll Angaben aus verschiedenen Registern, nämlich dem Handelsregister, dem Bundesanzeiger und anderen Datenquellen, zur Vereinfachung zusammenfassen. Allerdings kommt ihm keine Publizitäts- und Kontrollfunktion zu.

Merke
Das Handelsregister darf nicht mit dem Unternehmensregister gemäß § 8b HGB verwechselt werden.

Definition Handelsregister

Das Handelsregister ist ein öffentliches Register, das über alle Kaufleute die wesentlichen Informationen enthält.

Die Einsichtnahme kann elektronisch über das Internet erfolgen (www.handelsregister.de), ist jedoch teilweise kostenpflichtig.

Es empfiehlt sich, insbesondere vor wichtigen Verträgen Einsicht zu nehmen.

Merke
Das Handelsregister enthält nur zentrale Informationen, nur diese sind eintragungsfähig.

Beispiel

Kaufmann K möchte seine Geschäftszeiten eintragen lassen. Das ist unzulässig.

Aus dem Kreis der eintragungsfähigen Tatsachen sind einige eintragungspflichtig.

Beispiel

Die Firma ist eintragungspflichtig. Wenn aus der A, B, C OHG der Gesellschafter C ausscheidet, muss dies gemäß § 143 Abs. 2 HGB eingetragen werden.

Die Eintragungen werden gemäß § 10 HGB bekannt gemacht. Die Bekanntmachung erfolgt nur noch auf elektronischem Wege.

Da das Handelsregister so zentrale Bedeutung hat, darf man sich in den von § 15 HGB gezogenen Grenzen auf das Register verlassen. Dieser Paragraf bezieht sich auf die Eintragungen im Handelsregister und soll den Rechtsverkehr mit Kaufleuten erleichtern. Hier zeigt sich die besondere Bedeutung des Handelsregisters.

Zunächst kann man sich gemäß § 15 Abs. 1 HGB auf das „Schweigen des Registers" verlassen. Rechtsfolge des § 15 Abs. 1 HGB ist, dass einem Dritten eine eintragungspflichtige Tatsache, die jedoch noch nicht eingetragen ist, nicht entgegengehalten werden kann, sofern sie ihm nicht auf anderem Wege bekannt war.

Beispiel

A ist Gesellschafter der A, B und C OHG. A scheidet aus der OHG zum 31.12.2011 aus. Diese Tatsache ist gemäß § 143 Abs. 2 HGB eintragungspflichtig. Wenn das Ausscheiden des A nicht eingetragen wird, kann sich ein Dritter auf das Schweigen des Registers berufen. Falls also X am 2.1.2012 an die OHG ein Auto verkauft, muss A gemäß § 433 Abs. 2 BGB in Verbindung mit § 128 HGB privat für den Kaufpreis haften, obwohl er zum Zeitpunkt des Verkaufs nicht mehr Gesellschafter der OHG war.

Der Dritte kann sich zudem auf die „Rosinentheorie" stützen: Falls mehrere eintragungspflichtige Tatsachen verschwiegen werden, die dem Dritten teilweise günstig, teilweise ungünstig sind, so kann sich der Dritte bei den für ihn ungünstigen Tatsachen auf § 15 Abs. 1 HGB, im Übrigen auf die für ihn günstige tatsächliche Rechtslage berufen.

Eine weitere Regelung enthält § 15 Abs. 2 HGB. Hiernach müssen Dritte Eintragungen gegen sich gelten lassen. Das ist ein wichtiger Grund, Einsicht zu nehmen.

Auch § 15 Abs. 2 HGB betrifft nur eintragungspflichtige Tatsachen. Er bewirkt, dass der Dritte an die Eintragung gebunden ist. Letztlich besteht hier eine weitreichende Informationsobliegenheit für Kaufleute: Wer im kaufmännischen Verkehr das Register nicht einsieht, handelt nicht hinreichend sorgfältig. Zwar kann § 15 Abs. 2 S. 2 HGB im Einzelfall greifen, aber dafür trifft den Dritten die Beweislast. In aller Regel wird ihm dieser Beweis nicht gelingen, da insbesondere im Hinblick auf einen Internetzugriff nur ganz ausnahmsweise eine nicht verschuldete Unkenntnis vorliegen wird.

Beispiel

C scheidet aus der A, B, C OHG wirksam zum 31.12.2011 aus; dies wird am 2.1.2012 eingetragen und bekannt gemacht. Wenn nun K am 6.1.2012 Geschäfte mit der OHG macht, aber nicht wusste, dass C ausgeschieden ist, muss K das gemäß § 15 Abs. 2 S. 1 HGB trotzdem gegen sich gelten lassen. Für den Schutz des § 15 Abs. 2 S. 2 HGB müsste K beweisen, dass er das nicht wissen konnte, was in Zeiten des Internets kaum jemals gelingen dürfte.

Einen dritten Fall bildet § 15 Abs. 3 HGB. Hier hat das Handelsregister eine begrenzte positive Publizität.

§ 15 Abs. 3 HGB betrifft nur eintragungspflichtige Tatsachen, die unrichtig bekannt gemacht worden sind.

Definition Unrichtigkeit

Unrichtigkeit liegt vor, wenn im Zeitpunkt der Veröffentlichung die wirkliche Sach- und Rechtslage nicht mit der Eintragung übereinstimmen.

Allerdings muss die Eintragung veranlasst worden sein. Der Dritte darf zudem die wahre Rechtslage nicht gekannt haben.

Beispiel

C verhandelt mit A und B über einen Beitritt zur A, B OHG. C unterschreibt bereits wirksam den Beitritt, will sich die Sache aber noch überlegen. Versehentlich lassen A und B den Beitritt des C ins Handelsregister eintragen. Dann kann sich ein Dritter auf das Handelsregister verlassen, wenn er nicht wusste, dass C gar nicht beigetreten ist, § 15 Abs. 3 HGB. Allerdings setzt § 15 Abs. 3 HGB voraus, dass C überhaupt mit der OHG zu tun hatte („Angelegenheit"). Wenn zufällig ein völlig unbeteiligter Mensch eingetragen würde, greift § 15 Abs. 3 HGB nicht.

Unabhängig von § 15 HGB gelten zwei gewohnheitsrechtliche Ergänzungssätze:

- Wer eine unrichtige Anmeldung zum Handelsregister abgibt, muss sich an seiner Erklärung gegenüber gutgläubigen Dritten festhalten lassen.
- Wer eine nicht veranlasste, unrichtige Eintragung im Handelsregister schuldhaft nicht beseitigen lässt, kann an der Eintragung von gutgläubigen Dritten festgehalten werden.

Diese Regelungen kommen ergänzend zur Anwendung, wenn ausnahmsweise § 15 Abs. 3 HGB nicht greift.

Handelsbücher

Kaufleute müssen gemäß § 238 ff. HGB Handelsbücher führen. Daraus folgen gemäß § 242 HGB insbesondere die Pflicht zur Erstellung einer Eröffnungsbilanz, eine Inventurpflicht, Pflichten zur Aufstellung des Jahresabschlusses und Aufbewahrungspflichten.

Bei den Handelsgesellschaften sind die zuständigen Organmitglieder verantwortlich dafür, dass die Buchführungspflicht eingehalten wird. Gleiches gilt für alle persönlich haftenden Gesellschafter von OHG und KG, die nicht von der Geschäftsführung ausgeschlossen sind.

Die Verpflichtung zur Buchführung beginnt für den Istkaufmann mit Aufnahme seines Handelsgewerbes; sie ist also nicht an die Eintragung gemäß § 29 HGB gebunden.

Eine Verletzung der Buchführungspflicht kann zu einer unrichtigen Darstellung im Jahresabschluss führen und dann gemäß § 331 HGB strafbar sein. Außerdem drohen im Falle einer Insolvenz strafrechtliche Folgen.

Gemäß § 242 HGB ist auch eine Eröffnungsbilanz zu erstellen. Auch hier ist auf die Aufnahme des Geschäftsbetriebs gemäß § 1 HGB abzustellen.

Wichtige Handelsgeschäfte

Die §§ 343 ff. HGB enthalten für viele Handelsgeschäfte Sonderregelungen, die Vorrang vor den Regelungen des BGB haben.

Merke
Grundsätzlich ist vom BGB mit seinen Regelungen auszugehen, etwaige Sondervorschriften im HGB verdrängen jedoch die BGB-Bestimmungen.

Beispiel

Kaufmann K will sich verbürgen. Hier hat § 350 HGB Vorrang vor der Schriftform des § 766 BGB.

Ferner ist § 345 HGB zu beachten. Danach gelten die HGB-Regelungen bereits dann, wenn nur für eine Partei ein Handelsgeschäft vorliegt – es sei denn, die jeweilige Norm findet ausdrücklich nur auf beiderseitige Handelsgeschäfte Anwendung.

Merke
§ 377 HGB findet nur auf beiderseitige Handelsgeschäfte Anwendung.

Definition Handelsgeschäft

Handelsgeschäfte sind alle Geschäfte eines Kaufmanns im Bereich seines Handelsgewerbes, wobei bei einem Geschäft eines Kaufmanns das Vorliegen eines Handelsgeschäft vermutet wird, §§ 343, 344 HGB.

§ 344 HGB ist dann relevant, wenn es um die Abgrenzung zu einem privaten Handeln geht.

Die Vermutung des § 344 HGB kann durch Gegenbeweis widerlegt werden, wobei dann die Zugehörigkeit des Rechtsgeschäfts zum Gewerbebetrieb widerlegt werden muss.

§ 347 HGB regelt den Sorgfaltsmaßstab für Kaufleute. Danach sind alle Kaufleute z. B. zur ordnungsgemäßen Organisation ihrer Kommunikation verpflichtet. Sie müssen also darauf achten, dass etwa Stempel und Briefbögen nicht missbraucht werden.

Sonderregelung § 349 HGB

§ 349 HGB stellt klar, dass die Einrede der Vorausklage für Kaufleute nicht gilt.

Beispiel

Kaufmann K hat sich für eine Schuld verbürgt. Dann muss er wie ein selbstschuldnerischer Bürge haften, § 773 Abs. 1 Nr. 1 BGB.

Sonderregelung § 350 HGB

§ 350 HGB lässt eine formfreie Bürgschaft zu.

Es muss sich hier um die Bürgschaftserklärung eines Kaufmanns im Rahmen eines Handelsgeschäfts handeln. Die Erklärung des Bürgen ist auch dann wirksam, wenn sich der Inhalt der Hauptschuld allein aus Umständen ergibt, die außerhalb der Urkunde zu finden sind.

Wenn sich ein Gesellschafter einer OHG oder KG im Namen der Gesellschaft verbürgt, greift § 350 HGB. Wenn der Gesellschafter im eigenen Namen handelt, fehlt es an einem Handelsgeschäft. Es liegt nach überwiegender Meinung allerdings ein Fall des § 350 HGB in entsprechender Anwendung vor. Allerdings ist § 350 HGB nicht anwendbar, wenn sich ein GmbH-Geschäftsführer im eigenen Namen verbürgt.

Sonderregelung § 352 HGB

§ 352 HGB enthält einen veränderten Zinssatz. Diese Regelung greift nur für Zinsen, die außerhalb des BGB angeordnet sind.

Verzugszinsen sind allerdings in § 288 Abs. 1 S. 2 BGB abschließend geregelt. Ausreichend ist ein einseitiges Handelsgeschäft für die im HGB geregelten Zinspflichten, im Übrigen muss ein beiderseitiges Handelsgeschäft vorliegen.

Anwendbar bleibt das Transparenzgebot aus § 307 Abs. 1 S. 2 BGB.

Merke
§ 352 HGB ist keine Anspruchsgrundlage. Die Verpflichtung zur Zinszahlung muss sich also aus einem anderen Rechtsgrund ergeben.

Beispiel

Die Kaufleute V und K haben vereinbart, dass K seine Leistung ab dem 1.10.2012 verzinsen muss. Mangels ausdrücklicher Vereinbarung würde dann § 352 HGB greifen.

Sonderregelung § 353 HGB

§ 353 HGB lässt Fälligkeitszinsen zu. Das ist eine abweichende Regelung zu §§ 288, 291 BGB für beiderseitige Handelsgeschäfte. Notwendig ist eine fällige Geldforderung. Fälligkeit tritt nach allgemeinen Regeln ein, allerdings nicht vor Stellung einer Rechnung.

Wenn der Schuldner nicht zur Vorleistung verpflichtet ist, lässt § 320 BGB die Pflicht gemäß § 353 HGB entfallen, sofern der Gläubiger sie nicht seinerseits anbietet. Die Zinspflicht entfällt, wenn der Gläubiger gemäß § 301 BGB in Annahmeverzug gerät.

Sonderregelung § 354 HGB

§ 354 HGB stellt klar, dass Kaufleute grundsätzlich eine Provision erwarten können. Allerdings ist § 354 Abs. 1 HGB keine eigene Anspruchsgrundlage, sondern stellt nur klar, dass eine Entgeltlichkeit im Zweifel erwartet werden kann.

Beispiel

Bei einem Handelsmakler ist davon auszugehen, dass er ein Entgelt verlangt, wenn der andere willentlich seine Dienste in Anspruch nimmt.

Sonderregelung § 354a HGB

§ 354a HGB erlaubt die Abtretung von Forderungen auch dann, wenn sie gemäß § 399 BGB ausgeschlossen war.

Ziel von § 354a HGB ist es, die Refinanzierung insbesondere mittelständischer Unternehmen gegenüber den AGB von Großunternehmen zu schützen. Die Forderung behält hier ihre Abtretbarkeit. Es muss sich um Geldforderungen aus beiderseitigem Handelsgeschäft handeln oder der Schuldner muss im Übrigen § 354a Abs. 1 S. 1 HGB unterfallen.

§ 354a Abs. 1 S. 2 HGB räumt dem Schuldner ein Wahlrecht ein. Allerdings kann diesem Wahlrecht der Einwand des Rechtsmissbrauchs entgegengehalten werden, wenn etwa der Schuldner an den Zedenten nur deshalb zahlt, um den Zessionar zu schädigen. Der Zessionar kann gemäß § 816 Abs. 2 BGB gegen den Zedenten vorgehen.

Merke
Bei § 354a Abs. 1 HGB handelt es sich um zwingendes Recht.

Beispiel

Kaufmann K verkauft an Kaufmann X Ware. In den Einkaufs-AGB des X ist ein Abtretungsverbot vereinbart. Eine solche Unabtretbarkeit kann grundsätzlich auch wirksam in AGB vereinbart werden. § 354a HGB verbietet ein solches Abtretungsverbot nicht. Allerdings kann dann K gemäß § 354a HGB die Forderung gleichwohl wirksam abtreten.

Kontokorrent

Von erheblicher praktischer Bedeutung ist das Kontokorrent gemäß § 355 HGB.

Das Kontokorrent beinhaltet die verpflichtende Abrede, die beiderseitigen Ansprüche in Rechnung zu stellen, aber nicht darüber zu verfügen, sondern sie zu verrechnen, den Überschuss anzuerkennen und entsprechend der Periode auszugleichen.

Maßgeblich dafür ist, dass die in Rede stehenden Ansprüche nach dem Willen der Parteien zum Kontokorrent gehören sollen. Hierzu müssen sie einer auf längere Zeit angelegten beiderseitigen Geschäftsverbindung entspringen.

Beispiel

Die Kaufleute X und U stehen in ständiger Geschäftsbeziehung. Es entstehen häufig wechselseitige Forderungen.

Üblicherweise werden alle aus der gewöhnlichen Geschäftsverbindung resultierenden Ansprüche erfasst.

Die Konsequenz ist, dass die einzelnen Forderungen nicht mehr selbstständig geltend gemacht werden können. Sie können daher auch nicht isoliert eingeklagt werden. Eine Verjährung wird bis zum Ende der Kontokorrentperiode entsprechend § 205 BGB gehemmt.

Die Forderungen im Kontokorrent sind

- unabtretbar,
- unverpfändbar und
- unpfändbar.

Beispiel

X und K stellen ihre Forderungen wechselseitig in ein Kontokorrent. Wenn nun etwa eine Forderung des X auf 5000 EUR lautet, kann X diese Einzelforderung nicht mehr isoliert geltend machen.

Der zutreffende Saldo muss von den Parteien anerkannt werden. Dieses Anerkenntnis bewirkt eine Novation: An die Stelle der Einzelforderungen tritt eine einzige abstrakte Forderung aus § 781 BGB. Dies bewirkt eine erhebliche Vereinfachung.

Das Anerkenntnis ist formlos und kann auch stillschweigend erfolgen.

Guter Glaube an die Verfügungsmacht

§ 366 HGB erweitert den Schutz des gutgläubigen Erwerbers. Hier ergänzt die Norm die Regelungen des BGB über den gutgläubigen Erwerb.

Notwendig ist,

- dass der Verfügende Kaufmann ist
- es sich um ein Handelsgeschäft handelt und
- die Tatbestandsmerkmale der §§ 932–936 BGB erfüllt sind, mit der zentralen Änderung, dass Bezugspunkt des guten Glaubens nicht das Eigentum, sondern die Verfügungsmacht ist.

Der gute Glaube fehlt, wenn der Erwerber die fehlende Verfügungsmacht kannte oder grob fahrlässig nicht kannte.

> ***Beispiel***
>
> *Kaufmann K hat unter Eigentumsvorbehalt von Hersteller H Ware gekauft. Dann darf K regelmäßig im gewöhnlichen Geschäftsgang die Ware an Kunden übereignen, § 185 BGB. Wenn nun K in Zahlungsverzug gerät, kann H vom Vertrag zurücktreten. Regelmäßig darf K dann nicht mehr gemäß § 185 BGB über die Ware verfügen. Wenn nun Kunde X die Ware gleichwohl bei K erwirbt, kann X gutgläubig Eigentümer werden, wenn er hinsichtlich der weiter bestehenden Verfügungsmacht gutgläubig war. Es ist nicht notwendig, dass X den K für den Eigentümer der Ware gehalten hat. Am guten Glauben an die Verfügungsbefugnis würde es etwa fehlen, wenn X wüsste, dass K finanziell in Schwierigkeiten ist und die Ware z. B. zum Schleuderpreis abgibt.*

Sonderregelungen §§ 369 ff. HGB

§ 369 HGB erweitert das Zurückbehaltungsrecht des BGB aus § 273 BGB bzw. § 320 BGB.

Maßgeblich ist, dass sich hier das Zurückbehaltungsrecht nicht nur auf Ansprüche aus demselben Rechtsverhältnis bezieht, sondern auf alle beweglichen Sachen und Wertpapiere des Schuldners erstreckt wird. Gesichert werden Forderungen,

- die unverjährt dem Gläubiger zustehen und
- auf Geld gerichtet sind oder
- zur Geldforderung werden können.

Die Forderung muss bei Geltendmachung des Zurückbehaltungsrechts fällig sein.

Merke
Die Forderung muss unmittelbar zwischen Schuldner und Gläubiger bestehen.

Das Zurückbehaltungsrecht kann nur das (Mit-)Eigentum des Schuldners betreffen, abgesehen von Fällen von Handelsgeschäften auf Rechnung eines Dritten.

Das Zurückbehaltungsrecht ist ausgeschlossen, wenn der Wert der Sicherung völlig außer Verhältnis zur Höhe der Forderung steht oder der Gläubiger ausreichend anderweitig gesichert ist.

Zudem erhält der Gläubiger ein Befriedigungsrecht aus den Sachen, § 371 HGB, und in der Insolvenz wird ihm ein Absonderungsrecht gemäß § 51 Nr. 3 InsO eingeräumt.

Spätere Pfändungspfandrechte überlagern aber das Zurückbehaltungsrecht entsprechend § 805 ZPO.

Internationales Handelsgewohnheitsrecht

Der auf Schnelligkeit angelegte Handelsverkehr verwendet oftmals standardisierte Klauseln. Die Auslegung dieser Klauseln unterfällt dem Vertragsstatut, Art. 12 lit. a Rom-I-VO.

Zunächst gibt es die sogenannten Trade Terms, veröffentlicht von der internationalen Handelskammer.

Definition Trade Terms

Die Trade Terms bilden eine Sammlung von im Handelsverkehr üblichen Klauseln.

Solche Trade Terms müssen von den Parteien vertraglich vereinbart werden, sie können zum Teil aber auch nationaler Handelsbrauch sein.

Häufiger greifen die Incoterms ein (International Commercial Terms).

Definition Incoterms

Die Incoterms sind eine Zusammenfassung von international gebräuchlichen Handelsklauseln durch die internationale Handelskammer, zusammengefasst mit Auslegungsregeln, die eine einheitliche Bedeutung festlegen.

Auch die Incoterms werden Vertragsbestandteil durch Abrede der Parteien.

Die internationale Handelskammer ICC in Paris hat entsprechende Klauseln mit einem 3-Buchstaben-Code entwickelt. Diese wurden mehrfach revidiert, letztmalig im Jahr 2000.

Merke
Hier werden nicht alle Rechtsfragen geregelt, sondern nur besonders relevante Fragen.

Bei jedem grenzüberschreitenden Vertrag stellen sich insbesondere zwei Fragen mit größerer Dringlichkeit:

- die Kosten des Transports
- die Gefahr eines Verlusts der Ware.

Vor allem diese Fragen regeln Incoterms, neben Aspekten der Transportdokumentation.

Die Incoterms werden entsprechend den Anfangsbuchstaben und der jeweils abgestuften Pflichtenintensität des Verkäufers in vier Gruppen eingeteilt:

- E-Klauseln, EXW = Abholklausel, Kosten und Gefahr trägt der Käufer ab Bereitstellung.
- F-Klauseln: FCA (Free Carrier), FAS (Free Alongside Ship), FOB (Free on board). Hier trägt der Käufer die Kosten des wesentlichen Transports, Kosten und Gefahr gehen daher am Ort der Übergabe an den Frachtführer auf den Käufer über.
- C-Klauseln: CFR (Cost and Freight), CIF (Cost, Insurence, Freight), CPT (Carriage Paid to), CIP (Carriage and Insurance Paid to). Hier wird der Haupttransport vom Verkäufer bezahlt, er trägt auch Gefahr und Kosten bis zur Übergabe an den Haupttransporteur.

- D-Klauseln: DAF (Delivered at frontier), DDU (Delivered Duty Unpaid), DDP (Delivered Duty Paid). Hier trägt der Verkäufer die Gefahr und Kosten bis zur Ankunft der Ware am Bestimmungsort.

Beispiel

V in Brasilien verkauft an K in Deutschland 100 Fernseher „FOB". Wenn die Fernseher vor dem Überschreiten der Reling zerstört werden, muss V neu liefern. Danach trägt K die Gefahr. Die Kosten des Transports ab Schiff trägt K. Die Ware muss aber ausfuhrbereit sein (Zoll).

Handelskauf

Für den Handelskauf gelten zunächst die §§ 433 ff. BGB. Allerdings enthalten die §§ 373 ff. HGB Sonderbestimmungen, die das BGB ergänzen.

Definition Handelskauf

Handelskauf ist damit jeder Kaufvertrag, bei dem zumindest für eine Partei ein Handelsgeschäft gegeben ist und wo der Vertrag eine Ware oder ein Wertpapier zum Gegenstand hat. Erfasst sind also nur bewegliche Sachen.

Die zentralen Vorschriften für den Handelskauf finden sich gleichwohl im BGB, insbesondere auch in §§ 478, 479 BGB.

Annahmeverzug

Zunächst erweitert § 373 HGB die Rechte des Gläubigers bei einem Annahmeverzug. Daneben bleiben gemäß § 374 HGB die Rechte des BGB bestehen.

Die Voraussetzungen des Annahmeverzugs richten sich nach §§ 293 ff. BGB.

Der Verkäufer kann gemäß § 373 Abs. 1 HGB die Ware hinterlegen. Zuständig ist das Amtsgericht. Die Hinterlegung muss dem Käufer angezeigt werden.

Selbsthilfekauf

Zudem ermöglicht § 373 Abs. 2 HGB einen Selbsthilfeverkauf. Dieser muss grundsätzlich angedroht werden, wofür die Ankündigung ausreicht. Sie muss so rechtzeitig erfolgen, dass der Käufer noch reagieren kann.

Es muss sich um Vertragsware handeln.

Die Ware kann sodann entweder öffentlich versteigert oder gegebenenfalls freihändig verkauft werden.

Fixhandelskauf

§ 376 HGB regelt das sogenannte einfache Fixgeschäft. Kennzeichnend für § 376 HGB ist, dass den Parteien die Leistungszeit so wesentlich ist, dass der Vertrag als Ganzes untrennbar mit ihrer Einhaltung verknüpft wird, obwohl die Lieferung noch möglich wäre.

> ***Beispiel***
>
> *Kaufmann K soll Kaufmann X zu Ostern Osterhasen liefern. Wenn hier der Liefertermin nicht eingehalten wird, handelt es sich um ein absolutes Fixgeschäft, das den Regelungen der Unmöglichkeit unterfällt.*

Beim Fixhandelskauf ist ein bestimmter Liefertermin fest vereinbart worden, etwa durch die Formulierungen „fix, präzise, genau am ...".

Ein genaues Datum muss also nicht genannt werden. Maßgeblich ist, dass sich die Parteien darüber einig waren, dass die Leistungszeit für den Vertrag insgesamt bestimmend sein soll. Bleibt die Lieferung aus, kann der Käufer abweichend von § 323 Abs. 1 BGB ohne Fristsetzung vom Vertrag zurücktreten. Schadensersatz wegen Nichterfüllung bleibt aber auch hier wegen des Verzugserfordernisses und § 286 Abs. 4 BGB an ein Verschulden geknüpft.

Gemäß § 376 Abs. 1 S. 2 HGB erlischt der Erfüllungsanspruch. Das ist insbesondere bedenklich, wenn der Käufer kein Kaufmann ist, da er dann mit dieser Rechtsfolge zumeist nicht rechnet. Denn auch hier findet gemäß § 345 HGB die Regelung des § 376 HGB Anwendung.

Bestimmungskauf

§ 375 HGB dient der Beschleunigung und effektiven Vertragsdurchführung.

Hier ist dem Käufer die nähere Bestimmung über Form, Maß oder ähnliche Eigenschaften der Kaufsache vorbehalten. Dieses Bestimmungsrecht besteht innerhalb eines durch den Vertrag festgesetzten Rahmens.

Wenn der Käufer dieses Bestimmungsrecht nicht in Anspruch nimmt, kann entweder der Verkäufer selbst die Wahl treffen oder vom Vertrag zurücktreten. Ferner kommt ein Anspruch auf Schadensersatz in Betracht.

Untersuchungs- und Rügepflicht

Die wichtigste Vorschrift beim Handelskauf ist die Untersuchungs- und Rügepflicht aus § 377 HGB.

Wenn der Käufer den Pflichten aus § 377 Abs. 1 HGB nicht nachkommt, gilt die Ware gemäß § 377 Abs. 2 HGB als genehmigt. Diese Vorschrift belastet den Käufer mit einer Rügeobliegenheit.

Merke
Diese Rechtsfolge bewirkt, dass der Käufer alle seine Rechte wegen eines Mangels verliert, mithin also auch die mangelhafte Ware vollständig bezahlen muss.

Zweck des § 377 HGB ist es, zu einer raschen und endgültigen Abwicklung von Rechtsgeschäften beizutragen.

§ 377 HGB ist nur auf den beiderseitigen Handelskauf anwendbar. Es muss also auf beiden Seiten ein Handelsgeschäft vorliegen.

Beispiel

Kaufmann K verkauft an Kaufmann X 100 Paletten Fernseher. Wenn K und X beide mit Fernsehern handeln, liegt ein beiderseitiges Handelsgeschäft vor.

Der Käufer muss die Ware nach § 377 Abs. 1 HGB mit der Sorgfalt eines ordentlichen Kaufmanns untersuchen.

Das setzt voraus, dass er sich stichprobenartig ein vollständiges Bild von der Ware macht, also etwa die Menge zählt und Stichproben der Qualität nimmt. Liegt ein Mangel vor, muss er diesen ohne schuldhaftes Zögern dem Verkäufer anzeigen. Hierbei ist der Mangel so genau wie möglich zu kennzeichnen.

Der Begriff des Mangels bestimmt sich nach dem BGB. Er umfasst aber keine Rechtsmängel. Aufgrund von § 434

Abs. 3 BGB sind hier auch falsche Lieferungen relevant. Allerdings muss die Ware grundsätzlich zur Erfüllung geeignet sein, sonst liegt kein Fall des § 377 HGB vor.

Beispiel

Kaufmann K hat Kaufmann X 1000 Stahlträger verkauft. Versehentlich liefert K an X 1000 Stoffhasen. Das wäre gar nicht erst der Versuch einer Erfüllung.

Für die Ablieferung der Ware ist entscheidend, dass der Käufer bei objektiver Betrachtung die Verfügungsmöglichkeit über die Sache erhält. Der Ablieferungsvorgang muss deshalb äußerlich erkennbar sein. Entscheidend ist normalerweise die Übergabe der Sache an den Käufer.

Merke
Gerügt werden müssen alle offenen Mängel, also alle dem Käufer bei Ablieferung bekannten Mängel und alle zutage tretenden Mängel.

Die Untersuchung bestimmt sich nach den objektiven Gegebenheiten.

Maßgeblich ist also, was ein typischer Käufer unternehmen würde. Bei Maschinen kann daher ein Probelauf erwartet werden. Bei tiefgefrorenem Fleisch wird man ein Auftauen einzelner Stichproben erwarten müssen.

Entscheidend ist, dass insgesamt bei größeren Mengen ein stichprobenartiger Überblick entsteht. Dafür müssen diese Stichproben repräsentativ ausgewählt worden sein.

Beispiel

Bei der Lieferung von 20000 Disketten reicht die Überprüfung von 20 Stück nicht aus. Allerdings ist bei Lieferung von 2400 Pilzkonserven eine Stichprobe von 5 Stück ausreichend, wenn bereits diese fünf mangelhaft sind. Dann kann man darauf schließen, dass insbesondere bei verderblicher Ware auch der Rest der Lieferung mangelhaft ist.

Der Käufer muss den Mangel rügen, damit der Verkäufer über die Mängel der Ware informiert wird; es soll der Anschein zerstört werden, dass der Käufer mit der Ware zufrieden ist.

Die Rüge ist eine geschäftsähnliche Handlung, auf die die Bestimmungen über Willenserklärungen grundsätzlich entsprechend angewendet werden können. Die Anzeige ist zugangsbedürftig.

Die Rüge bedarf eines Mindestmaßes an Bestimmtheit.

- Jeder einzelne Mangel ist gesondert zu rügen.
- Der Käufer muss den Mangel in laienhafter Form so genau wie möglich beschreiben.

Damit reicht die Zurücksendung der Ware nicht aus. Der Verkäufer muss Art und Umfang der Mängel erkennen können, insbesondere soll das Nachschieben von Gründen erschwert werden.

Bei Teillieferungen ist ebenfalls wiederholt zu rügen. Die Ursache des Mangels muss der Käufer aber nicht beschreiben, es reicht die Darlegung des „Fehlerbildes“.

Die Anzeige ist formfrei. Schriftformvereinbarungen in AGB sind aber zulässig.

Beispiel

Wenn die gelieferten Dosen mit Tomaten verdorben sind, reicht es aus, wenn der Käufer etwa mitteilt: „Die Tomaten sind schimmlig, bläulich verfärbt und weisen einen pelzigen Belag auf." Nicht ausreichend wäre es aber, wenn der Käufer nur allgemein von einem Mangel spricht.

Aus Beweisgründen empfiehlt es sich, die Mängelanzeige beweisbar abzusenden, § 377 Abs. 4 HGB.

Merke
Der Käufer muss unverzüglich rügen. Das verlangt, dass der Käufer seinen Geschäftsbereich so organisiert, dass eine zeitnahe Anzeige erfolgen kann. Erwarten kann man dies innerhalb von ein oder zwei Tagen. Die genaue Berechnung hängt vom Einzelfall ab.

Jedenfalls geht jede Nachlässigkeit zulasten des Käufers. Der Käufer trägt die Darlegungs- und Beweislast für den Zeitpunkt der Ablieferung und die Unverzüglichkeit der Untersuchung.

Beispiel

Wenn K frische Tomaten liefert, muss der Käufer schneller reagieren, als wenn es sich um Stahlträger handelt.

Muss die Ware zunächst eingehend untersucht werden, verlängert sich die Frist entsprechend.

Bei einem versteckten Mangel beginnt die Rügefrist gemäß § 377 Abs. 3 HGB erst mit der Entdeckung des Mangels.

Beispiel

Kaufmann K hat an Kaufmann X Fernseher verkauft. X verkauft diese Fernseher an seine Kunden. Nachdem die Kunden die Fernseher mehrere Tage in Betrieb hatten, verschwimmt der Bildschirm. Nun muss X diesen Mangel gegenüber K rügen.

Merke
Die gleichen Anzeigepflichten treffen den Käufer gemäß § 377 Abs. 3 HGB, wenn ein solcher Mangel später auftritt. Man spricht hier von einem versteckten Mangel.

Die Rügepflichten sind gemäß § 377 Abs. 5 HGB hinfällig, wenn der Verkäufer arglistig gehandelt hat.

Das setzt Vorsatz voraus. Allerdings kann Arglist auch dann anzunehmen sein, wenn der Verkäufer nach Treu und Glauben verpflichtet war, den ihm bekannten und nach seiner Ansicht dem Kaufer unbekannten, aber bedeutenden Umstand des Fehlens der Eigenschaft zu offenbaren.

Da im Streitfall der Käufer die Arglist beweisen muss, ist die Frage häufig eher theoretischer Art, weil dem Käufer der Nachweis nicht gelingt.

Checkliste: Handelskauf	
1. Liegt ein beiderseitiges Handelsgeschäft vor?	✓
2. Wurde die Ware unverzüglich untersucht und ein etwaiger Mangel ohne schuldhaftes Zögern gerügt?	

3. Liegt ein versteckter Mangel vor? Wurde dieser unverzüglich nach seiner Entdeckung gerügt?	
4. War der Verkäufer arglistig?	

Beispiel

Kaufmann V verkauft an Kaufmann K 2000 Fernsehgeräte. Bei Lieferung muss K die Fernseher gemäß § 377 Abs. 1 HGB zählen, die Verpackungen auf sichtbare Beschädigungen prüfen und probehalber einige Fernseher auspacken bzw. gegebenenfalls auch in Betrieb nehmen. Wenn sich dabei kein Mangel zeigt, hat K seine Pflichten aus § 377 Abs. 1 HGB erfüllt.

Sollte sich ein Mangel zeigen, z. B. indem Fernseher Kratzer aufweisen, muss K den Mangel unverzüglich bei V rügen und dabei den Mangel laienhaft so genau beschreiben, wie dies möglich ist. Wenn K dies versäumt, gilt die Ware gemäß § 377 Abs. 2 HGB als genehmigt und K muss die Ware insgesamt bezahlen. Etwas anderes gälte nur gemäß § 377 Abs. 5 HGB, wenn V den Mangel arglistig verschwiegen hätte.

Zeigt sich kein Mangel, hat K den Pflichten aus § 377 Abs. 1 HGB genügt.

Wenn nun nach einigen Wochen Kundin X bemängelt, dass der von ihr gekaufte Fernseher nach 15 Betriebsstunden ausfällt, konnte K dies bei Lieferung nicht bemerken, muss aber den aufgetretenen Mangel nach § 377 Abs. 3 HGB rügen. Versäumt K dies, verliert er seine Rechte gemäß § 377 Abs. 2 HGB, es sei denn er kann ausnahmsweise darlegen und gegebenenfalls beweisen, dass bei V Arglist vorlag.

Nicht erfasst von § 377 Abs. 2 HGB werden etwaige Ansprüche aus § 823 Abs. 1 BGB (Schadensersatzpflicht). Diese bleiben bestehen.

> *Beispiel*
>
> *Kaufmann V verkauft an Kaufmann K Weinkorken. Diese sind mangelhaft, K unterlässt eine Rüge. Damit muss K die Korken bezahlen, § 377 Abs. 2 HGB. Wenn nun aber die Korken Schadstoffe abgeben und den Wein in den Flaschen des K verderben, hat K auch einen Anspruch gemäß § 823 Abs. 1 BGB aufgrund des verdorbenen Weines. Diese Ansprüche bleiben bestehen, unberührt von § 377 Abs. 2 HGB.*

Internationaler Warenkauf

Seit dem 1.1.1991 gilt für Deutschland das Einheitliche UN-Kaufrecht für grenzüberschreitende Kaufverträge (Convention on Contracts for the International Sale of Goods – CISG).

Dieses genießt innerhalb seines Anwendungsbereichs Vorrang vor deutschem oder ausländischem Recht (siehe Art. 25 Rom-I-VO, Art. 3 Nr. 2 EGBGB).

Das Abkommen gilt in vielen wichtigen Handelsstaaten, etwa in den USA, China, Russland und der Schweiz.

Kein Vertragspartner ist beispielsweise das Vereinigte Königreich.

Anwendbar ist das CISG für

- Kaufverträge oder Werklieferungsverträge über Waren
- wenn beide Vertragsparteien ihre Niederlassung in verschiedenen Staaten haben

- wenn beide Staaten Vertragsparteien des Abkommens sind oder das anwendbare internationale Privatrecht zum Recht eines Vertragsstaates führt und
- wenn die Ware gewerblich genutzt wird.
- Beide Parteien dürfen die Anwendung des UN-Kaufrechts nicht ausgeschlossen haben.

Liegen diese Voraussetzungen vor, unterfällt der Kauf automatisch dem UN-Kaufrecht.

Beispiel

Unternehmer X aus Belgien verkauft an Unternehmer U aus Deutschland 500 Hemden. Dann unterfällt dieser Vertrag dem CISG, da sowohl Deutschland als auch Belgien Vertragsstaaten des CISG sind. Wenn X und U dies nicht wollen, müssen sie ausdrücklich vertraglich festlegen, dass das CISG nicht gelten soll.

Merke
Die Parteien können das CISG ganz oder teilweise ausschließen.

Das CISG regelt im Wesentlichen

- den Vertragsschluss
- Lieferpflichten
- die Vertragsmäßigkeit der Ware
- Rechtsbehelfe bei Vertragsverletzungen
- die Kaufpreiszahlung

- den Gefahrübergang und
- einige weitere Bestimmungen über die Pflichten der Vertragspartner.

Das CISG bietet dabei den Vorteil, dass beide Vertragsparteien zwar nicht ihr gewohntes reines „Heimatrecht" durchsetzen können, aber dafür eine ausgewogene Rechtslage vorfinden.

Etwaige Lücken des CISG sind nach den allgemeinen, dem CISG zugrunde liegenden Grundsätzen zu schließen. Im Übrigen gilt das nationale IPR (Internationales Privatrecht).

Prokura

Im Handelsrecht kommt der Stellvertretung eine große Bedeutung zu. Das liegt daran, dass insbesondere Kaufleute darauf angewiesen sind, sich die Vorteile einer arbeitsteiligen Wirtschaftsweise zunutze zu machen.

> ***Beispiel***
>
> *Kaufmann X betreibt ein großes Kaufhaus. Gäbe es nicht die Möglichkeit der Stellvertretung, müsste X jeden Kunden persönlich bedienen. So kann er die Betreuung an Mitarbeiter übertragen.*

Auch für die Stellvertretung im Handelsrecht gelten die Grundlagen des BGB.

Das HGB enthält aber verschiedene Sonderregeln. Unabhängig vom Handelsrecht kann naturgemäß auch ein Kaufmann eine Vollmacht gemäß §§ 167 ff. BGB, etwa eine Generalvollmacht, erteilen.

Insbesondere muss auch im Handelsrecht das Prinzip der offenen Stellvertretung gemäß § 164 Abs. 2 BGB beachtet werden. Hier ergeben sich aber deutliche Erleichterungen, wenn ein Rechtsgeschäft einen eindeutigen Unternehmensbezug aufweist.

Beispiel

Kunde K wird im Ladengeschäft innerhalb der Geschäftszeiten bedient. Ganz offensichtlich liegt hier ein Fall der Stellvertretung vor.

Im Rahmen der handelsrechtlichen Vollmachten gibt es verschiedene Varianten.

Für diese Vollmachten ist kennzeichnend, dass ihr Umfang sich zu großen Teilen aus dem HGB ergibt. Das bietet dem Rechtsverkehr die Gewissheit, dass von solchen Personen getätigte Rechtsgeschäfte auch für und gegen den Kaufmann wirken. Dadurch werden Transaktionskosten verringert.

Merke
Die Prokura ist die umfassendste Vertretungsmacht.

Die Prokura ist eine durch Rechtsgeschäft erteilte Vertretungsmacht. Ihr Umfang ist durch §§ 49 ff. HGB bestimmt.

Prokura können nur der Inhaber des Handelsgeschäfts und sein gesetzlicher Vertreter erteilen. Der Inhaber muss dabei Kaufmann, der Prokurist eine natürliche Person sein.

Die Prokura kann zwar mündlich erteilt werden, muss aber gemäß § 49 Abs. 1 HGB ausdrücklich erklärt werden.

Außerdem besteht gemäß § 53 HGB eine Pflicht zur Anmeldung. Diese Anmeldung ist aber nur deklaratorisch.

Die §§ 49, 50 HGB regeln den Umfang der Prokura zwingend. Das dient auch dem Schutz des Rechtsverkehrs.

Merke
Die Prokura erstreckt sich auf alle Geschäfte, die im Zusammenhang mit dem Handelsgewerbe bestehen. Nicht erlaubt sind sogenannte Grundlagengeschäfte.

Beispiel

Prokurist P möchte den Sitz der Gesellschaft von Aachen nach Hamburg verlegen. Danach möchte P einen neuen Gesellschafter aufnehmen. Beide Geschäfte sind von § 49 HGB nicht gedeckt.

Die Prokura ermächtigt auch zu gerichtlichen Handlungen. Ausgeschlossen sind aber gemäß § 49 Abs. 2 HGB bestimmte Grundstücksgeschäfte.

§ 50 HGB sichert den Schutz des Rechtsverkehrs, indem sich der Dritte auf den Umfang der Prokura verlassen kann. Allerdings sind interne Beschränkungen der Prokura im Verhältnis zum Kaufmann wirksam.

Beispiel

Kaufmann K hat Prokurist P untersagt, Aktien zu kaufen. Wenn P gleichwohl Aktien kauft, ist das im Außenverhältnis wirksam. K muss die Aktien bezahlen. Aber K kann nun P haftbar machen und auf Schadensersatz in Anspruch nehmen.

In ganz seltenen Ausnahmefällen mag man Ausnahmen von § 50 HGB zulassen. Das muss auf extreme Gestaltungen beschränkt sein, um den Schutz des Rechtsverkehrs nicht zu unterlaufen.

Ein Fall ist die die sogenannte Kollusion, also das bewusst schädigende Zusammenwirken.

> ***Beispiel***
>
> *Prokurist P verkauft ganz bewusst zum Nachteil von Kaufmann K Ware unter Einstandspreis an seinen alten Freund F, der in dieses Geschehen eingeweiht ist. Hier greift § 138 BGB (sittenwidriges Rechtsgeschäft). K ist an den Vertrag nicht gebunden.*

Darüber hinaus wird ein Missbrauch der Prokura als Ausnahme diskutiert. Hier muss der Vertreter vorsätzlich zum Nachteil des Vertretenen handeln und der Dritte muss dies grob fahrlässig übersehen. Letzterer kann sich nicht auf die Vertretungsmacht berufen.

> ***Beispiel***
>
> *Kaufmann K betreibt einen Verkauf von Wohnwagen. Er hat immer klargestellt, dass er nicht mit Autos handeln möchte, insbesondere weiß dies auch D, der K kennt.*
>
> *Wenn nun Prokurist P in Abweichung von diesen Weisungen bei D ein Auto ankauft, kann D sich nicht auf § 50 HGB berufen.*

Der Prokurist unterzeichnet gemäß § 51 HGB mit einem Hinweis auf die Prokura. Meistens geschieht dies mit „ppa.".

Die Prokura ist im Rahmen des § 52 HGB widerruflich.

Beispiel

Kaufmann K erteilt P Prokura. P kann nun umfassend gemäß § 49 HGB für K tätig werden.

Handlungsvollmacht

§ 54 HGB regelt die Handlungsvollmacht. Diese besitzt auch große praktische Bedeutung.

Definition Handlungsvollmacht

Die Handlungsvollmacht ist eine vom Kaufmann erteilte Vollmacht im Rahmen seines Handelsgewerbes, die nicht Prokura ist.
Anders als bei der Prokura kann die Handlungsvollmacht auch konkludent erteilt werden.

§§ 54 ff. HGB regeln den Umfang einer erteilten Vollmacht. Auch hier geht es um eine Erleichterung des Handelsverkehrs.

Gemäß § 54 HGB muss der Träger des Unternehmens ein Kaufmann sein.

Die Handlungsvollmacht kann formlos erteilt werden, insbesondere auch durch schlüssiges Verhalten.

Der Handlungsbevollmächtigte muss gemäß § 57 HGB jede Verwechslung mit der Prokura vermeiden.

Beispiel

Der Handlungsbevollmächtigte H unterschreibt mit „i. V."

Man unterscheidet

- Generalhandlungsvollmacht

- Arthandlungsvollmacht und
- Spezialhandlungsvollmacht.

Die Generalhandlungsvollmacht umfasst alle Geschäfte, die gewöhnlich zum Betrieb gehören.

> ***Beispiel***
>
> *Kaufmann K überträgt H die Leitung einer Zweigniederlassung.*

Die Arthandlungsvollmacht ermächtigt hingegen zur Vornahme einer bestimmten Art von Geschäften.

> ***Beispiel***
>
> *Kaufmann K überträgt H den Einkauf von Gebrauchtwagen in einem Autohaus.*

Die Spezialhandlungsvollmacht ermächtigt zur Vornahme einzelner Geschäfte.

> ***Beispiel***
>
> *Kaufmann K schickt H zu einer Messe, um dort drei Maschinen einzukaufen.*

§ 54 Abs. 1 HGB enthält eine Vermutung über den Umfang der Handlungsvollmacht. Erfasst werden die gewöhnlichen Geschäfte.

> ***Beispiel***
>
> *Kaufmann K betreibt ein Autohaus. Wenn N hier als Leiter einer Zweigniederlassung Generalhandlungsvollmacht hat, ist der Ankauf von Autos hiervon gedeckt.*

§ 54 Abs. 2 HGB nimmt einige Geschäfte aus der Vollmacht aus.

Bedeutsam ist § 54 Abs. 3 HGB. Dieser Paragraf schützt gutgläubige Dritte, die auf den Umfang der Handlungsvollmacht vertraut haben.

Bezugspunkt ist der in § 54 Abs. 1 HGB vermutete Umfang der Handlungsvollmacht. Wenn die tatsächlich erteilte Vollmacht hinter dem Umfang des § 54 Abs. 1 HGB zurückbleibt, greift § 54 Abs. 3 HGB. Hier soll der Dritte geschützt werden.

Merke
Der Dritte muss gutgläubig sein. Es schadet ihm Fahrlässigkeit.

Beispiel

Im Geschäftsraum des Kaufmannes K ist ein deutlicher Aushang angebracht, auf dem steht, dass der Niederlassungsleiter nur bis 100000 EUR entscheiden darf. Wenn Kunde B diesen Aushang nicht sieht, kann er sich nicht auf § 54 Abs. 3 HGB berufen.

Da der Rechtsverkehr insbesondere bei Außendienstmitarbeitern nicht immer unterscheiden kann, ob unselbstständige oder selbstständige Gehilfen tätig werden, erstreckt § 55 HGB die Regelung des § 54 HGB auch auf die in § 55 Abs. 1 HGB genannten Gruppen.

Ladenangestellte (§ 56 HGB)

Dem Schutz des Geschäftsverkehrs dient auch § 56 HGB.

Bei § 56 HGB soll das Vertrauen darauf geschützt werden, dass Personal in einem Laden auch zu üblichen Geschäften ermächtigt ist.

§ 56 HGB gilt zwar eigentlich nur für Kaufleute, kann aber entsprechend auch auf Kleingewerbetreibende Anwendung finden.

§ 56 HGB erfasst nur Geschäftsabschlüsse und Empfangnahmen im Laden oder Lager. Allerdings werden auch fernkommunikative Abschlüsse einbezogen, wenn sich der Angestellte im Laden befand.

Merke
Entscheidend ist, dass das Geschehen als gewöhnlich eingestuft werden kann.

Dabei muss sowohl auf die Art des Geschäfts als auch auf seinen konkreten Inhalt abgestellt werden.

Merke
Entscheidend ist, was in vergleichbaren Geschäftslokalen vom Rechtsverkehr als üblich angesehen werden kann. Insofern gelten die Überlegungen zu § 54 Abs. 3 HGB zum Schutz des Rechtsverkehrs entsprechend.

In diesem Umfang wird die Entgegennahme sowohl von Zahlungen als auch von Mängelanzeigen von § 56 HGB geschützt.

§ 56 HGB erfasst nicht den Ankauf von Waren, wie der Wortlaut deutlich macht. Für Dienstleistungen gilt § 56 HGB ebenfalls nicht.

Beispiel

X betritt als Kunde ein Juweliergeschäft. Er verkauft an den Mitarbeiter M eine Uhr. Dieses Geschäft ist – sofern nicht Ankäufe zum Kerngeschäft dieses Juweliers gehören – nicht von § 56 HGB gedeckt.

Der Handelsvertreter

Der Handelsvertreter ist im Gegensatz zu einem angestellten Handlungsreisenden ein selbstständiger Gewerbetreibender, der ständig für einen oder mehrere Unternehmer Geschäfte vermittelt oder in deren Namen auf deren Rechnung abschließt.

Im Gegensatz zu einem Handelsmakler ist der Handelsvertreter also ständig mit dem Abschluss von Geschäften in fremdem Namen betraut.

Merke
Es besteht kein Arbeitsverhältnis zwischen dem Kaufmann und dem Handelsvertreter.

Maßgeblich ist aber nicht die Bezeichnung, sondern die Ausgestaltung der Rechtsstellung im Vertrag und die praktische Handhabung.

Entscheidend ist, dass die Tätigkeit der Hilfspersonen auf das Zustandekommen von Verträgen ausgerichtet ist. Es muss auf den Dritten in diesem Sinne eingewirkt werden. Die Art des Geschäfts ist nicht maßgeblich, sodass auch der Vertrieb von Rechten und Dienstleistungen erfasst ist.

Der Handelsvertreter ist in der Regel selbst Kaufmann, jedenfalls aber Unternehmer. Er gestaltet seine Arbeitszeit frei, § 84 Abs. 1 S. 2 HGB.

Die Grundlage im Innenverhältnis zum Unternehmer ist ein Dienstvertrag zur Geschäftsbesorgung gemäß §§ 611 ff., 675 BGB. Der Vertrag ist formfrei (beachte aber § 85 HGB). Im Außenverhältnis tritt der Handelsvertreter grundsätzlich in keine Rechtsbeziehungen zu dem Kunden, da er nur als Vermittler von Verträgen in Erscheinung tritt. Er kann aber auch Abschlussvollmacht haben.

Aus dem Geschäftsbesorgungsvertrag folgt neben den Pflichten aus §§ 86 und 90 HGB auch ein gesetzlich nicht geregeltes Konkurrenzverbot. Der Handelsvertreter darf also keine Konkurrenz durch Vertretung anderer Unternehmen im gleichen Geschäftsgebiet machen.

Merke
Der Handelsvertreter muss sich um den Abschluss von Verträgen bemühen und dabei die Interessen des Kaufmanns wahrnehmen.

Beispiel

Der Kaufmann gibt AGB vor. Dann müssen diese verwendet werden.

Den Unternehmer trifft die Pflicht zur Provisionszahlung, gemäß § 89b HGB insbesondere auch im Hinblick auf eine Ausgleichszahlung nach Beendigung des Vertrags.

Der Provisionsanspruch ist erfolgsbezogen, es führt also nur das abgeschlossene Geschäft zu einer Provision. Dabei muss die Tätigkeit des Handelsvertreters wenigstens mit ursächlich für den Geschäftsabschluss geworden sein.

Beispiel

Handelsvertreter H ist für Unternehmer U tätig. Ein Dritter, den H kontaktiert hatte, kauft dann die beworbene Ware bei einer anderen Niederlassung des U. Dann erhält H gleichwohl eine Provision, da sein Mitwirken ursächlich war.

Die Fälligkeit der Provision regelt § 87a HGB, die Höhe § 87b HGB und ihre Abrechnung § 87c HGB.

§ 89b HGB soll sicherstellen, dass der Handelsvertreter bei einem Verlust des von ihm aufgebauten Kundenstamms einen Ausgleich für neu abgeschlossene Geschäfte enthält. Letztlich soll hier die weiterwirkende Leistung des Handelsvertreters vergütet werden. Dieser Anspruch entsteht mit Beendigung des Handelsvertretervertrags.

Der Vertrag endet gegebenenfalls durch Zeitablauf, Kündigung, Tod des Handelsvertreters oder Insolvenz des Unternehmers.

Der Handelsmakler

Der Handelsmakler muss im Gegensatz zum Maklervertrag des BGB

- gewerbsmäßig handeln und
- darf nur bewegliche Gegenstände des Handelsverkehrs vermakeln (vgl. § 93 Abs. 2 HGB).

Damit muss der Handelsmakler vom Zivilmakler abgegrenzt werden.

Entscheidend für diese Abgrenzung zum Zivilmakler ist, dass der Handelsmakler ausschließlich Vermittlungsmakler sein kann. Zudem kann er nur Vermittler von Gegenständen des Handelsverkehrs sein. Dazu zählen neben den in § 93 Abs. 1 HGB aufgeführten Waren auch alle sonstigen Gegenstände, die nach der Verkehrsanschauung als Gegenstände des Handelsverkehrs angesehen werden, z. B. gewerbliche Schutzrechte, Aktien und Bankgeschäfte aller Art.

Schließlich muss die Tätigkeit des Handelsmaklers gewerblich erfolgen.

Merke
Ein Gelegenheitsmakler ist stets Zivilmakler.

Der Vertrag kann formfrei geschlossen werden. § 362 HGB findet Anwendung.

Merke
Bei der Annahme schlüssigen Verhaltens durch einen Interessenten ist dann Vorsicht geboten, wenn der Makler von sich aus mit Angeboten werbend im geschäftlichen Verkehr handelt.

Hier kann der Interessent möglicherweise davon ausgehen, dass der Makler seine Leistung für den Auftraggeber erbringen will, sodass eine Anfrage beim Makler noch nicht als Abschluss eines Vertrags angesehen werden kann.

Der Zivilmakler muss deutlich machen, dass er auch vom Interessenten eine Provision erhalten möchte. Für den Handelsmakler gilt dies mit der Einschränkung des § 99 HGB entsprechend.

Bei grenzüberschreitenden Verträgen kommt mangels Rechtswahl das Recht der Niederlassung des Maklers zur Anwendung, Art. 4 Rom-I-VO.

Häufig kommt es zum Streit über AGB der Makler. Unwirksam ist es regelmäßig, wenn der Makler sich eine erfolgsunabhängige Provision in AGB versprechen lässt.

Der Maklervertrag kann durch Kündigung beendet werden. Allerdings bleibt ein bereits entstandener Provisionsanspruch davon unberührt.

Der Handelsmakler ist regelmäßig selbst Kaufmann, jedenfalls aber Unternehmer. Die Regelungen des BGB kommen ergänzend zur Anwendung.

Der Immobilienmakler fällt wegen § 93 Abs. 2 HGB nicht in den Anwendungsbereich dieser Vorschriften, hier bleibt es beim BGB, §§ 652 ff. BGB.

Der Handelsmakler vermittelt nicht nur für einen Unternehmer Verträge, sondern ist allgemein mit der Vermittlung von Verträgen befasst. Dafür erhält er eine Provision.

Merke
Aufgabe des Handelsmaklers ist nicht nur er Nachweis der Gelegenheit zum Abschluss, son n eine auf den Vertragsschluss gerichtete Tätigkeit

Der Makler muss bei einer Vermittlu so mit dem Dritten in Kontakt treten und auf desse chlussbereitschaft hinwirken. Die Nennung eines V gspartners genügt aber, wenn dieser zu den vom aggeber gesetzten Bedingungen bereits zum Ab bereit ist.

Beispiel

Makler M weist dem X einen Kunden K nach. K war ohnehin schon zum Kauf entschlossen und hätte auch eigenständig Kontakt zu X aufgenommen. Das hat auf den Provisionsanspruch des M keinen Einfluss.

Der Makler schuldet weder Tätigkeit noch Erfolg. Allerdings bekommt er auch nur bei erfolgreicher Vermittlung eine Provision.

Keine Provision erhält der Makler, wenn das vermittelte Geschäft wegen eines im Vertragsschluss selbst liegenden Mangels wieder beseitigt wird. In allen anderen Fällen behält er seinen Provisionsanspruch.

Beispiel

Der Kaufvertrag wird angefochten oder ist wegen eines Formmangels nichtig. Allerdings bleibt die Provision bestehen, wenn der Vertrag einmal fehlerfrei zustande gekommen ist. Beispielswiese entfällt der Provisionsanspruch nicht, wenn der Kunde vom Vertrag zurücktritt.

Zum Kunden besteht ein vertragsähnliches Vertrauensverhältnis. Deswegen kann der Handelsmakler gemäß § 98 HGB gegebenenfalls auch beiden Seiten haftbar sein.

Beispiel

Handelsmakler M vereitelt durch sein Fehlverhalten einen sicheren Vertragsschluss seines Auftraggebers.

Den Handelsmakler treffen mehrere Pflichten, u. a.

- Sorgfaltspflicht [...] Interessenvertreter beider Seiten

- Treuepflicht
- Pflicht zur Führung eines Tagebuchs.

Beispiel

Handelsmakler M soll dem Kunden K ein Auto vermitteln. Dabei beachtet er einseitig die Interessen des Autohauses A. Das würde zu einer Haftung gegenüber dem Kunden K gemäß § 98 HGB führen.

Der Auftraggeber muss insbesondere eine vereinbarte Provision zahlen.

Allerdings wird eine Provision nur fällig, wenn es wirklich zu einem rechtskräftigen Vertragsschluss kommt („Maklers Müh ist oft vergebens").

Aufwendungsersatz erhält der Makler nur, wenn dies ausdrücklich vereinbart ist.

Beispiel

Makler M vermittelt zwischen V und K einen Kaufvertrag. Dieser Vertrag ist aufgrund Wuchers nichtig, § 138 Abs. 2 BGB. Dann erhält M auch keine Provision. Wenn nichts anderes vereinbart ist, erhält M dann gar nichts, auch keinen Ersatz für seine vergeblichen Aufwendungen, etwa in Form von Reisekosten zu K.

§ 99 HGB sieht vor, dass die Parteien den Maklerlohn hälftig teilen. Das ist eine Regelung, die der neutralen Stellung des Maklers entspricht. Allerdings können die Parteien durch Vereinbarung von § 99 HGB abweichen. Das wird häufig in der Praxis so geregelt.

Das Kommissionsgeschäft

Die Kommission ist ein Fall der mittelbaren Stellvertretung. Sie ist entgeltliche Geschäftsbesorgung.

Definition Kommissionär

Der Kommissionär veräußert Waren oder Wertpapiere als selbstständiger Gewerbetreibender im eigenen Namen und auf eigene Rechnung wirtschaftlich für einen anderen.

Zwischen dem Dritten und dem Kommittenten entstehen also keine unmittelbaren Rechtsbeziehungen.

> **Merke**
> Zunächst ist allein der Kommissionär Träger der vertraglichen Rechte und Pflichten.

Das hat für den Kommittenten den Vorteil, dass er gegenüber Dritten unerkannt bleiben kann, wenn er das wünscht.

Anders als etwa beim Handelsmakler oder Handelsvertreter liegt also hier ein Handeln im eigenen Namen vor.

> **Merke**
> Der Kommissionär ist nur Kaufmann, wenn er die entsprechenden Anforderungen erfüllt.

Der Vertrag kann auch stillschweigend geschlossen werden. § 362 HGB findet Anwendung.

> **Merke**
> Das Ausführungsgeschäft ist vom Kommissionsvertrag rechtlich zu trennen.

Parteien des Ausführungsgeschäfts sind nur der Kommissionär und der Dritte. Ansprüche aufgrund von Leistungsstörungen sind deshalb auch nur gegen den Kommissionär geltend zu machen.

Das Absatzrisiko bei der Verkaufskommission trägt der Kommissionär. Bei der Verkaufskommission wird der Kommissionär üblicherweise nicht Eigentümer der Ware, sondern nur gemäß § 185 BGB ermächtigt.

Beispiel

Kommittent K lässt durch Kommissionär X ein Auto verkaufen. Hier bleibt K Eigentümer des Autos, ermächtigt aber gemäß § 185 BGB den X zu einer Verfügung.

Bei der Einkaufskommission wird der Kommissionär Eigentümer der Ware und muss sie anschließend dem Kommittenten übereignen.

Die Pflichten des Kommissionärs regelt § 384 HGB. Danach trifft den Kommissionär eine Ausführungspflicht. Er hat die Interessen des Auftraggebers zu wahren. Insbesondere können ihn auch Aufklärungspflichten gemäß §§ 311 Abs. 2, 241 Abs. 2, 280 Abs. 1 BGB treffen, wenn er den Kommittenten beraten soll.

Merke
Bei der Ausführung muss der Kommissionär gemäß § 385 HGB die Weisungen des Kommittenten beachten.

Diese Weisungsbefugnis ist zentrales Element eines Kommissionsgeschäfts. Von einer solchen Weisung darf der Kommissionär nur dann abweichen, wenn er dies dem Kommittenten angezeigt hat und ihm die Entscheidung überlässt. Ohne Anzeige darf der Kommissionär nur dann die Weisungen unbeachtet lassen, wenn Gefahr im Verzug ist (vergleiche § 665 BGB). Verstößt der Kommissionär gegen diese Pflichten, entsteht ein Anspruch auf Schadensersatz. Dieser entfällt nur, wenn die Voraussetzungen einer berechtigten Abweichung gegeben waren.

Beispiel

Der Kommittent hatte deutlich gemacht, dass er mit einer Abweichung einverstanden ist.

Die Haftung für das Gut regelt § 390 HGB. Der Kommissionär erhält gemäß § 396 HGB einen Provisionsanspruch sowie einen Anspruch auf Ersatz von Aufwendungen. Der etwaige Anspruch auf Ersatz der Aufwendungen ist nicht von der Ausführung des Geschäfts abhängig.

Definition Aufwendung

Aufwendung ist hier jedes freiwillig erbrachte Vermögensopfer, das zum Abschluss oder zur Durchführung des Vertrags notwendig wird.

Beispiel

Dem Kommissionär entstehen Telefon- und Reisekosten, Transport- und Lagerkosten.

Der Kommissionsagent

Die Praxis hat außerhalb des HGB noch den Kommissionsagenten entwickelt.

Der Kommissionsagent ist ständig für einen Auftraggeber tätig, handelt dann aber für diesen als Kommissionär.

Beispiel

X schließt die Verträge im eigenen Namen ab, ist aber auf Dauer ausschließlich für einen Lieferanten L tätig.

Damit ist der Kommissionsagent eine Mischung aus Handelsvertreter und Kommissionär.

Es besteht somit auch eine Pflicht zur Provisionszahlung sowie eine Treuepflicht.

Typischerweise treffen den Kommissionsagenten Lager- und Vertriebspflichten. Die Vereinbarung eines Wettbewerbsverbots ist zulässig. Im Innenverhältnis finden aber grundsätzlich auch die Vorschriften des Handelsvertreterrechts Anwendung.

Franchise

Franchise ist weder im BGB noch im HGB ausdrücklich geregelt, aber von der Rechtsordnung gleichwohl anerkannt.

Der Franchisenehmer ist ein selbstständiger Gewerbetreibender, der aber in das Gesamtsystem des Vertriebs des Franchisegebers eingebunden ist.

Der Franchisenehmer ist daher vom Handelsvertreter deutlich abzugrenzen; gleichwohl lassen sich beim vertikalen Franchising einige Vorschriften aus dem Handelsvertreterrecht analog anwenden. Zu denken ist hier insbesondere auch an § 89b HGB.

Beispiel

Franchisenehmer F scheidet aus, hinterlässt dem Franchisegeber aber einen weiterhin unmittelbar nutzbaren Kundenstamm.

Der Franchisenehmer wird durch Zahlung einer Lizenzgebühr ermächtigt, Dienstleistungen oder Vertriebsrechte des Franchisegebers im eigenen Namen und auf eigene Rechnung auszuführen, muss sich dabei aber bis ins Detail den Strukturvorgaben des Franchisegebers unterwerfen.

Der Franchisenehmer hat den Vorteil, dass er auf die Logistik und zentrale Werbung des Franchisegebers zugreifen kann. Dafür muss er dann ein Entgelt entrichten.

Folglich obliegen dem Franchisegeber zahlreiche Kontrollrechte, zudem kann er Marketingvorgaben durchsetzen.

Beispiel

X betreibt ein Restaurant in Franchise. Dann kann der Franchisegeber genaue Vorschriften zur Gestaltung des Warensortiments machen.

Factoring

Beim Factoring – einer Art Forderungskauf – erwirbt die Factorbank Forderungen des Factorkunden gegen dessen Kunden.

Beispiel

Kaufmann K handelt mit Autoersatzteilen und hat aus laufenden Geschäften 1500 EUR offene Forderungen gegen Kunden. Diese Forderungen überträgt er an die Factorbank.

Die Factorbank zieht die Forderungen bei den Kunden ein und zahlt dem Kaufmann einen Gesamtpreis für die übertragenen Forderungen.

Beim Factoring unterscheidet man das echte und das unechte Factoring.

- Beim echten Factoring trägt die Factorbank das Ausfallrisiko des Kunden.
- Beim unechten Factoring verbleibt dieses Risiko beim Factorkunden.

Beispiel

Zahlt Kunde Nr. 501 nicht, ist dies beim echten Factoring das Risiko der Factorbank, die dann einen Ausfall in dieser Höhe hinnehmen muss. Beim unechten Factoring kann die Factorbank hingegen Ersatz für die ausgefallene Forderung beim Factorkunden geltend machen.

In jedem Fall haftet der Factorkunde aber dafür, dass die Kundenforderungen überhaupt entstanden sind.

Beispiel

V erfindet Forderungen gegen die Kunden K 1 bis K 1000 und überträgt diese an die Factorbank. Selbstverständlich muss V dann für die sogenannte Verität der Forderungen einstehen. Es handelt sich um einen Betrugsfall.

Vertragshändler

Vertragshändler vertreiben Waren eines bestimmten Herstellers auf eigene Rechnung und sind in eine entsprechende Vertriebsorganisation eingegliedert.

Dieser Vertragstyp ist im HGB nicht geregelt.

Beispiel

Autohaus A vertreibt ausschließlich PKW einer bestimmten Marke. Für diesen Bereich ist im Kartellrecht dann die Kfz-GVO zu beachten (Abl. EG 2002 L 203/30), die im Rahmen von Art. 2 Kfz-GVO Ausnahmen vom Kartellverbot regelt.

Ergänzend kann man auf die Bestimmungen des Handelsvertreterrechts zurückgreifen.

> ***Beispiel***
>
> *Unternehmer U hat einen Vertragshändlervertrag mit V, wonach nur Vertragshändler beliefert werden sollen. U liefert nun doch Waren an X. Dann wäre an § 87 Abs. 2 HGB zu denken.*

Zumeist werden Vertragshändlern vom Hersteller besondere Konditionen eingeräumt, etwa zusätzliche Verkaufsprovisionen.

Zwischen dem Hersteller und dem Kunden bestehen dann typischerweise keine eigenen vertraglichen Beziehungen, wenn man von der in der Praxis häufig anzutreffenden Herstellergarantie (§ 443 BGB) absieht.

Frachtgeschäft

Der Frachtvertrag gehört zu den häufigsten Vertragsformen.

Das Frachtgeschäft gemäß § 407 ff. HGB umfasst die Verpflichtung, den Transport einer Ware zu besorgen. Der Frachtführer führt also tatsächlich den Transport aus, und zwar

- zu Lande
- auf Binnengewässern und/oder
- in der Luft.

Der Versender wird Vertragspartner.

Kennzeichnend ist die Pflicht zur Ortsveränderung in der vertraglich vereinbarten Weise. Dafür reicht eine kleine Ortsveränderung etwa durch Gabelstapler.

Merke
Bei grenzüberschreitenden Transporten kommen in der Regel vorrangig die CMR (siehe oben) zum Tragen.

Der Vertrag kann formfrei geschlossen werden.

Den Parteien werden zahlreiche Rechte und Pflichten auferlegt.

Der Versender

- muss die Fracht zahlen
- die Ware ordnungsgemäß kennzeichnen und verpacken
- Urkunden übergeben und
- die Ware beförderungssicher verladen.

Besondere Pflichten des Versenders bestehen gemäß § 410 HGB bei gefährlichem Gut. Hier muss der Frachtführer informiert werden. Kommt der Versender diesen Pflichten nicht nach, kann ihn gemäß § 414 HGB eine Haftung treffen.

Gemäß § 411 HGB muss das Gut sorgfältig verpackt werden. Ziel ist es, eine Beförderung ohne Beschädigung möglich zu machen, indem die Güter durch Kennzeichnung und Verpackung den vorhersehbaren Transportbedingungen angepasst werden.

Beispiel

X versendet schwere Ware. Dann muss er Markierungen anbringen, wo die Ware gefahrlos angehoben werden kann.

Große Bedeutung besitzt der Frachtbrief gemäß § 408 HGB. Ihm kommt gemäß § 409 HGB Beweiskraft zu. Die Vermutung des § 409 Abs. 1–3 HGB kann nur durch vollen Gegenbeweis widerlegt werden.

Merke
Äußerlich ist dabei der Zustand, der oberflächlich an den verpackten Frachtstücken ohne besondere Kenntnisse mit den Sinnesorganen wahrnehmbar ist, und zwar zum Zeitpunkt der Übergabe. Prüfungsgeräte sind dann nur bei Kühltransporten vorausgesetzt.

Der Frachtführer schuldet die ordnungsgemäße und pünktliche Beförderung und Ablieferung.

Die Haftung des Frachtführers richtet sich nach § 425 HGB.

Das Gut ist verloren, wenn

- es zerstört wurde
- § 424 HGB greift oder
- es nicht einem Empfangsberechtigten abgeliefert worden ist.

Beschädigung ist jede Substanzbeeinträchtigung.

Merke
Zu beachten ist die kurze Verjährung gemäß § 439 HGB von nur einem Jahr.

Damit diese Norm zum Tragen kommt, muss allerdings ein unmittelbarer räumlich-zeitlicher bzw. sachlicher Zusammenhang mit der Beförderung bestehen. Dann werden Ansprüche gleichgültig aus welchem Rechtsgrund erfasst.

Merke
Bei einem Verbraucher als Kunden gelten zahlreiche Schutzvorschriften, vgl. etwa § 452c HGB.

Spediteur

Speditionsverträge haben eine sehr große praktische Bedeutung. Zu beachten sind ergänzend zu den HGB-Regelungen die Allgemeinen Deutschen Spediteurbedingungen (ADSp).

Definition Spediteur

Der Spediteur schuldet gemäß § 453 HGB eine logistische Leistung, indem er als Gewerbetreibender die Versendung organisiert und die dafür notwendigen Verträge abschließt.

In der Praxis übernehmen Spediteure den Transport aber häufig selbst (siehe § 458 HGB).

Die Dritten können

- Frachtführer
- Verfrachter
- Carrier
- Transporteure
- Lagerhalter oder
- ihrerseits Spediteure

sein.

Der Spediteur ist Wahrnehmer fremder Interessen. Er muss daher Transportmittel und Transportweg so wählen, wie es den Interessen des Verwenders entspricht.

Einen Sonderfall bildet die Sammelladung gemäß § 460 HGB. Das ist eine Mischung aus Speditions- und Frachtgeschäft. Den Sammelladungsspediteur treffen zunächst dieselben Pflichten wie den üblichen Spediteur. Aber mit Übergabe des Gutes richten sich die Pflichten des Spediteurs nach dem Frachtrecht.

Bei der Fixkostenspedition gemäß § 459 HGB hat der Spediteur von vornherein wie ein Frachtführer auf eigene Rechnung zu handeln. Hier muss der Spediteur mit dem Versender den Preis für das Bewirken ausgemacht haben, also nicht nur für die Organisationen.

Der Spediteur

- bestimmt Beförderungsmittel und -weg
- wählt die geeigneten Unternehmer aus und
- sichert etwaige Schadensersatzansprüche des Versenders.

Merke
Die Haftung des Spediteurs richtet sich nach §§ 461, 426, 427 HGB.

Lagervertrag

Beim Lagervertrag übernimmt der Lagerhalter im Rahmen seines Gewerbebetriebs die Verwahrung und Obhut über das Gut.

Merke
Diese Pflichten gehen also über den Mietvertrag hinaus: Der Lagerhalter muss das Gut gegen Gefahren schützen.

Er muss das Gut so lagern, dass vorhersehbare, mit zumutbarem Aufwand vermeidbare Schäden verhindert werden.

Gemäß § 475 HGB haftet der Lagerhalter. Er ist allerdings nicht verpflichtet, von ihm gemietete Lagerräume auf konstruktive Sicherheit zu prüfen (sofern dieses Problem nicht äußerlich erkennbar war). Allerdings dürfen die Lagerräume für das Gut nicht erkennbar ungeeignet sein. Sie müssen so beschaffen sein, dass nicht kleine Unaufmerksamkeiten zu ganz massiven Schäden führen.

Beispiel

Der Lagerhalter lagert Möbel in einer von X angemieteten Halle. Wenn diese Halle statische Mängel aufweist und sodann teilweise einstürzt, muss der Lagerhalter nicht dafür haften, es sei denn, die statischen Mängel waren ihm bekannt oder offensichtlich.

Auch hier greift gemäß § 475a HGB eine kurze Verjährungsvorschrift.

Bedeutsam ist gemäß § 475c HGB der Lagerschein. Er ist gegebenenfalls gemäß § 475e HGB vorzulegen.

Gewerblicher Rechtsschutz

Grundlagen

Es besteht ein Bedürfnis, bestimmte geistige Leistungen vor Nachahmung zu schützen, damit die Urheber insbesondere den wirtschaftlichen Nutzen aus ihrer Schöpfung ziehen können. Hier spricht man von sogenannten Immaterialgüterrechten.

Es handelt sich dabei um absolute Rechte im Sinne von § 823 Abs. 1 BGB.

Dabei ist je nach Schutzgut zu differenzieren.

Patente und Gebrauchsmuster

Patente und Gebrauchsmuster knüpfen an technische Erfindungen an.

§ 1 PatG setzt eine Erfindung mit gewerblicher Anwendbarkeit voraus.

Notwendig ist eine Weiterentwicklung des bisherigen Standes der Technik, die das durchschnittliche Können eines Fachmanns übersteigt, §§ 3, 5 PatG. Es muss also eine sogenannte Erfindungshöhe gegeben sein.

> *Beispiel*
>
> *X kann Schrauben mit einem Schraubendreher besonders schnell anziehen. Darin liegt keine neue Erfindung, wenn das jeder technisch Versierte auch so schnell kann.*

Entscheidend ist, wer das Patent zuerst anmeldet und dann eintragen lässt.

Dem Inhaber des Patents stehen dann exklusive, allerdings zeitlich befristete Rechte zu (20 Jahre gemäß § 16 PatG), vgl. § 9 PatG.

Da die Antragstellung entscheidet, werden neue Entwicklungen in der Praxis regelmäßig so lange geheim gehalten, bis die Anmeldung erfolgt.

Das Gebrauchsmuster sichert wie das Patent technische Entwicklungen, beschrieben in § 1 GebrMG (sog „kleines Patent"). Es wird grundsätzlich drei Jahre, gegebenenfalls zehn Jahre geschützt.

Geschmacksmuster

Das Geschmacksmuster sichert ästhetische Leistungen. Entscheidend ist die Eigenart einer Entwicklung.

> ***Beispiel***
>
> *X entwickelt einen Stuhl mit besonderer Form der Beine, die unverkennbar einen ganz besonderen Schwung aufweisen.*

Zuständig ist das Deutsche Patent- und Markenamt (DPMA); die Schutzdauer beträgt grundsätzlich 25 Jahre.

Auch hier werden dem Inhaber des Rechts umfangreiche Schutzrechte eingeräumt, §§ 42 ff. GeschmMG.

Markenrecht

Von großer Bedeutung ist das Markenrecht.

Dem Inhaber einer Marke gewährt das Markenrecht weitreichende Befugnisse, Markenverletzungen abzuwehren, vgl. §§ 14 ff. MarkenG.

Marken können extrem wertvoll sein.

> ***Beispiel***
>
> *Die wertvollste Marke der Welt war z. B. 2008 „Coca Cola“, die wertvollste deutsche Marke „Mercedes-Benz“.*

Das Markenrecht kann gemäß § 4 MarkenG auf drei Arten entstehen:

- Eintragung als Marke
- Benutzung eines Zeichens im geschäftlichen Verkehr
- allgemeine (sogenannte notorische) Bekanntheit einer Marke.

> **Merke**
> Als Marke sind grundsätzlich Wort-, Bild-, Farb-, Hör- und Kombinationszeichen schutzfähig.

Die Schutzdauer beträgt grundsätzlich zehn Jahre und kann jeweils um zehn Jahre verlängert werden.

Gegen einen Markenverletzer kann der Inhaber insbesondere mit Unterlassungs- und Schadensersatzansprüchen vorgehen.

Beispiel

X ist Inhaber der Wortmarke „Zauberlicht". Wenn Y nun diese Marke auf seine Produkte druckt, kann X dagegen vorgehen.

Urheberrecht

Das Urheberrecht schützt persönliche geistige Schöpfungen auf kulturellem Sektor.

Dem Urheber stehen die

- Veröffentlichungs-,
- Nutzungs- und
- Verwertungsrechte

zu. Die Dauer beträgt grundsätzlich 70 Jahre.

Das Urheberrecht entsteht mit der geistigen Schöpfung, muss also nicht eingetragen werden.

Beispiel

X schreibt ein Liebesgedicht. Dann entsteht daran ein Urheberrecht des X. Notwendig ist jedoch eine gewisse schöpferische Höhe.

Wenn X den Fahrplan des Aachener Hauptbahnhofs abtippt und lediglich ohne besondere Leistung anders sortiert, entsteht daran kein Urheberrecht.

Aspekte des Gesellschaftsrechts

Grundlagen

Die Grundlagen des Gesellschaftsrechts werden bereits im Band *BGB Crashkurs* dargestellt. Die vorliegende Darstellung beschränkt sich daher auf vertiefende Sonderfragen aus dem Handelsrecht.

Merke
Aufgrund der Privatautonomie können sich Gründer frei für eine Gesellschaftsform entscheiden, sofern nicht ausnahmsweise besondere Regelungen im Wege stehen.

Beispiel

§ 105 Abs. 1 HGB ist zwingend. Wenn die Gesellschafter ein Handelsgewerbe betreiben, können sie sich nicht mehr für die Rechtsform der Gesellschaft bürgerlichen Rechts entscheiden, sie sind dann automatisch eine offene Handelsgesellschaft, sofern sie unbeschränkt haften.

Mit anderen Worten können Gründer grundsätzlich auf alle von der Rechtsordnung bereitgestellten Gesellschaftsformen zurückgreifen, müssen sich aber für eine dieser Rechtsformen entscheiden (Numerus clausus der Gesellschaftsformen).

Beispiel

X und Y wollen mit Autos handeln. Dann können sich X und Y eine beliebige Rechtsform aussuchen, aber keine neue Rechtsform „designen". X und Y können daher z. B. nicht die „X und Y Gesellschaft bürgerlichen Rechts in der Form der GmbH mit OHG-Regelungen" gründen. Wenn X und Y eine GbR betreiben, würde aus dieser allerdings automatisch eine OHG, wenn die Voraussetzungen des § 105 Abs. 1 HGB vorliegen.

Neben dem deutschen Recht gewinnen auch Gesellschaften europäischen Rechts stark an Bedeutung.

Zum einen handelt es sich dabei um Gesellschaften, die auf europäischer Ebene von der EU bewusst zur Verfügung gestellt werden. Diese Rechtsformen sind insoweit supranational.

Neben der bereits seit 1985 eingerichteten EWIV gibt es inzwischen die europäische Aktiengesellschaft (Societas EURpaea – SE), die für grenzüberschreitende größere Unternehmen als Rechtsform sinnvoll sein kann. Ferner gibt es die europäische Genossenschaft (SCE). In Vorbereitung sind der europäische Verein (EuV) sowie die europäische Privatgesellschaft (EPG).

Daneben ist jedoch auch die Niederlassungsfreiheit aus Art. 49 AEUV zu beachten. Darauf können sich die Unionsbürger berufen.

Merke

Die Niederlassungsfreiheit führt dazu, dass eine einmal nach dem Recht eines Mitgliedstaates wirksam gegründete Gesellschaft auch in einem anderen Mitgliedstaat anerkannt werden muss, selbst wenn sie ihren Sitz in diesen Staat verlegt oder sogar aus diesem Staat heraus wirksam gegründet wurde.

Folglich gilt insoweit die Gründungstheorie: Maßgeblich ist das Recht des Gründungsstaates.

Beispiel

Der dänische Staatsbürger S gründet nach englischem Gesellschaftsrecht wirksam eine Limited. Auch wenn diese Limited ausschließlich in Dänemark ihren Sitz hat und dort Geschäfte macht, ist sie als wirksame Rechtsform zu behandeln. Das folgt aus der Niederlassungsfreiheit.

Allerdings ist dann auch konsequent zu beachten, dass es sich um eine ausländische Rechtsform handelt. Es bestimmen sich dann alle relevanten rechtlichen Gestaltungen der Gesellschaft nach dem Recht des Gründungsstaates.

Beispiel

Die private Haftung des S für Verbindlichkeiten der Limited richtet sich nach englischem Recht. Danach haftet grundsätzlich nur das Vermögen der Gesellschaft. Allerdings hat das englische Recht zahlreiche Möglichkeiten entwickelt, die doch zu einer privaten Haftung der Gesellschafter führen können. Diese sind dann auch für S verbindlich. Zudem muss S die Vorschriften des englischen Rechnungslegungsrechts beachten und etwa Geschäftsberichte einreichen. Unterlässt er dies, kann das nach englischem Recht zu einem automatischen Erlöschen der Gesellschaft führen. Das wäre dann auch von deutschen Gerichten zu beachten, obwohl die Gesellschaft ihren Sitz in Deutschland hat.

Auf den Punkt gebracht

In der EU herrscht Niederlassungsfreiheit. Gesellschaften werden grundsätzlich nach dem Recht beurteilt, auf dessen Grundlage sie ursprünglich gegründet wurden.

Offene Handelsgesellschaft

Die OHG ist in §§ 105 ff. HGB geregelt. Sie ist die kaufmännische Sonderform der GbR (siehe § 105 Abs. 3 HGB).

Wesensmerkmal der OHG ist die unbeschränkte Haftung aller Gesellschafter.

Es sind mindestens zwei Partner erforderlich. Eine Ein-Personen-OHG ist nicht möglich.

Wenn sich also alle Mitgliedschaftsrechte in einer Hand konzentrieren, wandelt sich die OHG grundsätzlich in ein einzelkaufmännisches Unternehmen um.

Gesellschafter können neben natürlichen Personen auch juristische Personen sein. Gleiches gilt für rechtsfähige Personengesellschaften.

Handelt es sich um eine ausländische Gesellschaft, entscheidet deren Gesellschaftsstatut, ob sich diese Gesellschaft an einer OHG beteiligen kann.

Der Vertrag kann formfrei gegründet werden. Insbesondere ist dies auch stillschweigend möglich. Insoweit gelten die Überlegungen zur Gesellschaft bürgerlichen Rechts entsprechend.

Beispiel

A und B betreiben einen Im- und Export von Autos. Sie stellen zahlreiche Mitarbeiter ein, kaufen Fahrzeuge an und erzielen im ersten Jahr einen erheblichen Umsatz von 300000 EUR. Dann überschreiten sie die Grenze des § 1 Abs. 2 HGB und betreiben ein Handelsgewerbe. Sie sind damit automatisch eine OHG, auch ohne Eintragung in das Handelsregister (siehe § 123 Abs. 2 HGB).

!

Merke
Gesellschaftszweck muss der Betrieb eines Handelsgewerbes sein. Damit können Freiberufler keine OHG gründen.

Die Gesellschaft entsteht im Außenverhältnis gemäß § 123 Abs. 1 HGB grundsätzlich mit Eintragung in das Handelsregister.

Allerdings ist § 123 Abs. 2 HGB zu beachten. Damit ist der Moment maßgeblich, in dem die kaufmännische OHG ihr Handelsgewerbe beginnt. Dafür reicht eine Förderung des Handelsgewerbes aus.

Beispiel

A und B haben die A & B OHG gegründet. Vor Eintragung in das Handelsregister beginnen Sie mit Kundenwerbung und bestellen bereits Briefpapier für die OHG. Das ist für § 123 Abs. 2 HGB ausreichend.

Für den Gesellschaftszweck gelten darüber hinaus die Grenzen von §§ 134, 138 BGB.

Beispiel

A und B wollen eine OHG gründen, die in großem Stil mit Drogen handeln soll. Hier greift § 134 BGB.

Die OHG unterfällt im internationalen Privatrecht grundsätzlich dem Sitz der Gesellschaft. Allerdings sind die Ausnahmen zu beachten, die für das europäische Recht bereits erläutert wurden.

Merke
Die OHG ist gemäß § 124 HGB rechts- und parteifähig. Im Außenverhältnis ist sie damit weitgehend ein Rechtssubjekt.

Träger von Rechten und Pflichten ist daher ausschließlich die Gesellschaft.

Entscheidend ist, dass gemäß § 128 HGB eine vollständige private Haftung gilt.

Gemäß § 128 HGB müssen die Gesellschafter für alle Verbindlichkeiten der Gesellschaft haften. Es ist dafür unerheblich, aus welchem Rechtsgrund diese Ansprüche entstanden sind, solange es sich um Ansprüche gegen die Gesellschaft handelt.

Beispiel

§ 128 HGB umfasst neben vertraglichen Ansprüchen auch deliktische oder steuerrechtliche Ansprüche gegen die Gesellschaft.

Ausnahmen gelten für Gesellschafter, die gegen die Gesellschaft einen Anspruch haben, der nicht aus dem Gesellschaftsverhältnis resultiert. Hier müssen sich die Gesellschafter aufgrund ihrer Treuepflicht vorrangig an das Vermögen der Gesellschaft halten und können sich allenfalls hilfsweise unter Anrechnung ihres Verlustanteils an die Gesellschafter halten.

Für Ansprüche der Gesellschafter gegen die Gesellschaft, die aus dem Gesellschaftsverhältnis folgen, gilt § 128 HGB ebenfalls nicht.

Beispiel

Gesellschafter A möchte von der ABC OHG Ersatz von Fahrtkosten. Hier greift § 128 HGB zugunsten des A nicht.

§ 128 HGB erfasst nur Verbindlichkeiten, die zu einem Zeitpunkt begründet wurden, an dem der in Anspruch genommene Gesellschafter auch tatsächlich zur Gesellschaft gehörte.

Die Gesellschafter schulden gemäß § 128 HGB grundsätzlich Erfüllung der Verbindlichkeit der Gesellschaft in gleicher Weise wie die Gesellschaft.

Beispiel

Die A & B OHG schuldet dem X die Lieferung einer Ware. Dann schulden auch A und B dem X gemäß § 128 HGB die Lieferung einer Ware.

Wenn die Gesellschaft die Lieferung bestimmter Sachen schuldet, tun dies die Gesellschafter. Gleiches gilt etwa für die Erstellung einer Auseinandersetzungsbilanz, wobei ein solcher Anspruch gemäß § 887 ZPO vollstreckt werden müsste.

Die Gesellschafter haften unmittelbar, unbeschränkt, primär, gesamtschuldnerisch und akzessorisch für die Verbindlichkeiten der OHG.

Beispiel

A und B sind die Gesellschafter der A & B OHG. Die OHG nimmt bei X ein Darlehen auf. Dann gestaltet sich bei Fälligkeit des Darlehens von X gemäß § 488 Abs. 2 BGB die Haftungslage wie folgt:

X kann gemäß § 124 HGB auf das gesamte Vermögen der OHG zugreifen.

Zudem kann X den A und/oder den B privat in Anspruch nehmen. Da A und B primär, unbeschränkt, unmittelbar und gesamtschuldnerisch haften, kann X nach seinem Belieben gegen A und B vorgehen.

In der Praxis werden oft die Gesellschaft und die Gesellschafter der OHG gleichzeitig verklagt. Selbstverständlich muss der geschuldete Betrag dabei nur einmal bezahlt werden.

Die Verteidigungsmöglichkeiten des Gesellschafters gegen eine persönliche Haftung regelt § 129 HGB.

Im Ergebnis ist aus Sicht des Gesellschafters eine Haftung nur sehr selten zu vermeiden.

Merke
Die OHG bedeutet für die Gesellschafter ein ganz erhebliches Haftungsrisiko.

Wenn ein Gesellschafter von Dritten in Anspruch genommen wurde, kann er grundsätzlich von der Gesellschaft

Ersatz verlangen. Zudem kann er anteilig Ersatz von seinen Mitgesellschaftern verlangen, wenn die Gesellschaft nicht zahlungsfähig oder nicht leistungsbereit ist. Das ergibt sich aus § 426 BGB, da ansonsten der Zufall darüber entscheiden würde, welcher Gesellschafter vom Gläubiger in Anspruch genommen wird. Allerdings haften die Gesellschafter in einem solchen Fall nur entsprechend ihrer Beteiligung.

Beispiel

Die A, B und C OHG schuldet X aus Kaufvertrag 5000 EUR. X erhält von A das Geld. Die Gesellschaft ist insolvent. Nun kann A von B und C anteilig Ersatz des von ihm bezahlten Betrags verlangen. Wenn die Gesellschaft allerdings wegen des schuldhaften Verhaltens eines einzelnen Gesellschafters Schadensersatz leisten musste, bleibt dieser im Innenverhältnis allein zum Ausgleich verpflichtet.

Die Gesellschafter können daneben selbstständig auch aus anderen Gründen in Anspruch genommen werden, z. B. im Fall einer Bürgschaft für Schulden der Gesellschaft.

Die Haftungslage ergänzt § 160 HGB. Daraus ergibt sich, dass ausgeschiedene Gesellschafter noch fünf Jahre nach ihrem Ausscheiden für Verbindlichkeiten haften müssen, wenn diese zum Zeitpunkt ihrer Zugehörigkeit begründet wurden. Der Grund des Ausscheidens ist für § 160 HGB unerheblich. Die Ansprüche müssten dabei gemäß § 160 Abs. 1 S. 1 HGB in der Form des § 197 Abs. 1 Nr. 3–5 BGB geltend gemacht werden.

Entscheidend ist also der Zeitpunkt der Begründung der Verbindlichkeit, nicht die Fälligkeit.

Merke
Ein Gesellschafter kann sich durch ein Ausscheiden aus der Gesellschaft seiner Haftung nicht entziehen.

Es reicht aus, wenn die Verbindlichkeit dem Grunde nach begründet war.

Beispiel

Die ABC OHG mietet bei X am 1.10.2010 Räume. B scheidet zum 1.1.2013 aus der OHG aus. Trotzdem muss B gegenüber X noch fünf Jahre für Mieten haften, die nach dem 1.1.2013 fällig werden. Hier waren die Verbindlichkeiten bereits 2010 begründet worden. Indes kann der B dann gegebenenfalls Ersatz von A und C verlangen.

§ 160 HGB umfasst naturgemäß nicht neue Verbindlichkeiten.

Beispiel

Wenn die Gesellschaft 2015 neue Räume anmietet, muss der bereits ausgeschiedene B dafür nicht haften.

Merke
Die Geschäfte führt gemäß § 114 HGB jeder Gesellschafter. Den Umfang regelt § 116 HGB.

Ausgenommen sind daher nur außergewöhnliche Geschäfte. Das sind z. B. Geschäfte, die zu ganz außergewöhnlichen Risiken führen. Gleiches gilt für sogenannte Grundlagengeschäfte.

Definition Grundlagengeschäfte

Grundlagengeschäfte sind solche Geschäfte, die die Grundlagen der Tätigkeit, Organisation und Zusammensetzung der Gesellschaft betreffen oder auf die Rechtsbeziehungen der Gesellschafter untereinander gerichtet sind.

Beispiele

A möchte als Gesellschafter der ABC OHG dem Gesellschafter B dessen Schulden erlassen. Das ist von § 114 HGB nicht erfasst. Hier müssen dann alle Gesellschafter zustimmen.

A möchte als Gesellschafter der ABC OHG, die mit Wohnwagen handelt, das Geschäft auf den Export von Wohnwagen erstrecken. Wenn dies von der langjährigen Geschäftspolitik abweicht, müssen dem alle Gesellschafter zustimmen.

Beschlüsse werden gemäß § 119 HGB befasst. Stimmrecht steht grundsätzlich nur den Gesellschaftern zu. Das Stimmrecht des Gesellschafters ist aber ausgeschlossen, wenn er in eigener Sache tätig wird; vergleiche auch § 47 Abs. 4 GmbHG.

Beispiel

A soll aus wichtigem Grund aus der ABC OHG ausgeschlossen werden. Hier hat A kein Stimmrecht.

Beschlüsse werden grundsätzlich auf Gesellschafterversammlungen gefasst. § 119 Abs. 1 HGB geht dabei vom Prinzip der Einstimmigkeit aus. Der Gesellschaftsvertrag kann Mehrheitsbeschlüsse zulassen. Das gilt sogar bei

Grundlagengeschäften. Dann entscheidet im Zweifel die Mehrheit der vorhandenen Stimmen.

Beschlüsse sind nichtig, wenn die Mehrheit entweder gesetzeswidrig zustande kam oder das Beschlussverfahren insgesamt schwerwiegend mit Mängeln behaftet war.

Beispiel

Bei der ABCD OHG wird A bewusst nicht zur Gesellschafterversammlung eingeladen. B wird mit der Waffe bedroht, damit er mit C und D stimmt.

Gemäß § 125 HGB vertritt jeder Gesellschafter einzeln die OHG. Den Umfang bestimmt § 126 HGB.

Danach vertritt jeder Gesellschafter die Gesellschaft umfassend und alleine im Rahmen seiner Vertretungsmacht gemäß § 125 HGB. Ausgenommen sind auch hier die Grundlagen des Gesellschaftsverhältnisses.

Beispiel

A möchte als Gesellschafter der A & B OHG den C aufnehmen. Das wäre von § 126 HGB nicht gedeckt.

Auch wenn ein Gesellschafter von seiner Vertretungsmacht missbräuchliche Verwendung macht, ist der Dritte grundsätzlich schutzbedürftig, weil er dies normalerweise nicht erkennen kann. Anderes gilt natürlich, wenn ein kollusives Zusammenwirken (siehe oben) vorliegt und auch für Geschäfte mit einem Gesellschafter.

Die Auflösung der Gesellschaft regelt § 131 HGB.

In § 131 Abs. 1 HGB sind die Auflösungsgründe genannt. In der Praxis ist der häufigste Auflösungsgrund § 131

Abs. 1 Nr. 3 HGB, nämlich die Insolvenz der Gesellschaft. Hierfür muss das Insolvenzverfahren eröffnet werden.

§ 133 HGB lässt die Auflösung durch gerichtliche Entscheidung zu. Hier müssen ganz massive Umstände vorliegen, die eine solche Maßnahme rechtfertigen.

Beispiel

Die Gesellschafter der A und B OHG sind völlig zerstritten. Sie beschimpfen sich gegenseitig. Es besteht keinerlei Vertrauensverhältnis mehr.

§ 131 Abs. 3 HGB regelt hingegen die Gründe, die nur zum Ausscheiden eines Gesellschafters führen. Hier bleibt die Gesellschaft im Übrigen grundsätzlich bestehen.

In diesem Zusammenhang ist § 131 Abs. 3 S. 1 Nr. 3 HGB (Kündigung des Gesellschafters) von Bedeutung. Eine solche Kündigung eines Gesellschafters unterliegt bezüglich der Fristen den Einschränkungen des § 132 HGB, soweit nichts anderes vereinbart wurde.

Beispiel

B ist Gesellschafter der ABC OHG. Wenn B nun kündigt, führt dies gemäß § 131 Abs. 3 S. 1 Nr. 3 HGB zu seinem Ausscheiden. Die OHG bleibt bestehen, soweit nichts anderes vereinbart wurde.

Den Ausschluss eines Gesellschafters regelt § 140 HGB. Auch hier müssen massive Umstände vorliegen.

Beispiele

Gesellschafter B bestiehlt die Gesellschafter.

Gesellschafter C schlägt aus Böswilligkeit auf Mitarbeiter ein.

Die Liquidation der Gesellschaft regeln §§ 145 ff. HGB.

Die Liquidation hat das Ziel, die Gläubiger der Gesellschaft zu befriedigen und den verbleibenden Überschuss auf die Gesellschafter zu verteilen. Diese Notwendigkeit ergibt sich daraus, dass Gesellschaften zum Zeitpunkt ihrer Auflösung regelmäßig im Geschäftsleben stehen und daher noch schwebende Verträge abzuwickeln sind. Hier sorgt die Phase der Liquidation für einen geordneten Ablauf.

Merke
Bei der Liquidation wird aus der „werbenden die sterbende Gesellschaft"!

Kommanditgesellschaft

Die Kommanditgesellschaft ist eine Sonderform der OHG, siehe § 161 Abs. 3 HGB. Sie ist eine sehr weit verbreitete Rechtsform, da sich mit ihr verschiedene Vorteile im Rechtsverkehr abbilden lassen.

Bei der KG treten zu den persönlich haftenden Gesellschaftern, den Komplementären, beschränkt haftende Gesellschafter, die Kommanditisten, hinzu.

Die Besonderheit besteht darin, dass die Kommanditisten maximal mit dem Betrag ihrer erbrachten Einlage haften müssen. Hierfür ist die Eintragung im Handelsregister maßgeblich. Solange die Einlage nicht erbracht ist, müssen die Kommanditisten gegenüber Gläubigern der KG gemäß § 171 Abs. 1 HGB, also in Höhe ihrer Einlage, haften. Sobald die Einlage indes geleistet ist, scheidet jede weitere Haftung aus.

Beispiel

K ist Kommanditist der X KG. Gemäß § 172 HGB ist im Handelsregister ein Kommanditanteil von 10000 EUR eingetragen. Wenn K diesen Betrag an die KG noch nicht gezahlt hat, ist er in dieser Höhe gegenüber Gläubigern der KG haftbar. Hat er die Einlage bereits gezahlt, besteht gar keine Haftung gegenüber Gläubigern der KG.

Merke
Als Kommanditist kann man also Gesellschafter einer Personengesellschaft werden, ohne mit dem gesamten privaten Vermögen haften zu müssen.

Wenn also ein Gesellschaftsgründer – meist aus Motiven der Steuergestaltung – Gesellschafter einer Personengesellschaft werden möchte, bietet sich die Rechtsform der KG an.

Aus Sicht der persönlich haftenden Gesellschafter ergibt sich jedoch keine Veränderung. Insoweit gilt vollständig das Recht der OHG, siehe auch § 161 Abs. 3 HGB.

Die Kommanditisten sind zwar Gesellschafter und es stehen ihnen Kontrollrechte zu. Im Übrigen handelt es sich für sie aber primär um eine Form der Kapitalbeteiligung.

Deshalb sind die Kommanditisten gemäß § 164 HGB von der Geschäftsführung ausgeschlossen. § 170 HGB schließt sie auch von der Vertretung aus.

Die Gründung ist formfrei. Es gelten die allgemeinen Grundregeln. Es muss zumindest ein voll haftender Gesellschafter vorhanden sein. Für die Entstehung der KG gilt § 123 HGB gemäß § 161 Abs. 2 HGB.

Die Gesellschaft muss auf den Betrieb eines Handelsgewerbes gerichtet sein. Allerdings sind hier §§ 161 Abs. 2, 105 Abs. 2 HGB zu beachten.

Für ihre Verbindlichkeiten haftet die KG mit ihrem gesamten Vermögen. Zudem haften die Komplementäre gemäß §§ 161 Abs. 2, 128 HGB. Die Kommanditisten müssen aber nur beschränkt haften, nämlich in Höhe ihrer Einlage gemäß § 171 HGB.

Die Haftung des Kommanditisten lebt aber wieder auf, wenn die Voraussetzungen des § 172 Abs. 4 HGB erfüllt sind. Diese Vorschrift greift, wenn eine Rückzahlung der Einlage an den Kommanditisten erfolgt, ohne dass eine objektiv voll gleichwertige Vermögenszufuhr an die KG erfolgt.

Allerdings wird der Kommanditist von § 172 Abs. 5 HGB teilweise geschützt. Hier sind die Bilanz und die Gutgläubigkeit des Kommanditisten entscheidend.

Besonderheiten ergeben sich jedoch manchmal aus § 176 HGB. Hier werden Geschäfte vor vollzogener Eintragung in das Handelsregister erfasst. Die KG muss also entstanden sein und gemäß § 123 Abs. 2 HGB ihre Geschäfte aufgenommen haben. Wenn der Kommanditist dieser Aufnahme von Geschäften zugestimmt hatte, besteht eine grundsätzlich unbeschränkte Haftung. Geschützt wird dann das Vertrauen eines Gläubigers. Dieses Vertrauen wird nur zerstört, wenn dem Gläubiger sicher bekannt war, dass der noch nicht eingetragene Kommanditist nur beschränkt haften sollte. Es reicht dafür nicht aus, dass der Gläubiger von der Existenz der KG wusste, denn daraus ergibt sich nicht, wer Kommanditist werden sollte. Gegenüber einem solchen gutgläubigen Gläubiger muss der Kommanditist wie ein persönlich haftender Gesellschafter haften.

Beispiel

A möchte Kommanditist der B KG werden. Diese KG ist noch nicht im Handelsregister eingetragen. Der Komplementär B bestellt in Absprache mit A bereits Ware. Dann kann dies zu einer vollen privaten Haftung des A gemäß § 176 HGB führen.

Merke
§ 176 HGB ist für Kommanditisten unbedingt zu beachten.

Ein Ausscheiden des Kommanditisten lässt eine bereits bestehende Haftung unberührt.

Beim Tod des Kommanditisten wird die Gesellschaft gemäß § 177 HGB mit den Erben fortgesetzt. Die Vorschrift wird in der Praxis aber häufig im Gesellschaftsvertrag ausgeschlossen.

Für einen Beitritt als Kommanditist gelten die genannten Grundsätze auch für Altschulden, § 173 HGB.

Merke
Steuerlich wird die KG wie die OHG behandelt.

Es wird also im Rahmen der Einkommensteuer an die Gesellschafter angeknüpft. Die Komplementäre beziehen Einkünfte aus Gewerbebetrieb, während dies für Kommanditisten nur gilt, wenn sie eine gewisse Unternehmerinitiative bzw. ein Unternehmerrisiko tragen.

Die KG ist umsatzsteuerpflichtig und gilt als Unternehmerin im Sinne des Umsatzsteuergesetzes.

Von größerer Bedeutung sind noch Publikums-KGs. Hier wird eine große Zahl Gesellschafter beteiligt, die letztlich eine Kapitalanlage anstreben.

Da es sich hier um eine Form der Kapitalanlage handelt, hat die Rechtsprechung in Abweichung und Ergänzung des HGB weitgehend Sonderregeln entwickelt. Insbesondere werden hier Haftungsfragen für Werbeunterlagen im Rahmen der sogenannten Prospekthaftung diskutiert.

Beispiel

K tritt einer Publikums-KG bei. Wenn hier kein Verkaufsprospekt vorlag, kann dies zu einer Haftung gemäß §§ 13, 13a VerkProspG führen. Zudem können, soweit § 8f VerkprosG nicht greift, die Grundsätze der allgemeinen Haftung für fehlerhafte Prospekte Anwendung finden. Das kann der Fall sein, wenn den Anlegern trotz sorgfältiger und eingehender Lektüre des Prospekts nicht mit der erforderlichen Klarheit ein zutreffendes, aktuelles und vollständiges Gesamtbild des Unternehmens sowie die Vor- und Nachteile bzw. Risiken einer Beteiligung vermittelt werden.

Bei einer Vielzahl von Kommanditisten kann zudem aus deren Kreis ein Beirat gebildet werden.

Die Rechtsprechung kontrolliert diese Gesellschaftsverträge grundsätzlich im Wege der Inhaltskontrolle gemäß § 242 BGB dahin gehend, ob die Verträge dem Leitbild ausgewogener Anlegerchancen und -risiken hinreichend Rechnung tragen. Das ist bemerkenswert, weil eine AGB-Kontrolle gemäß § 310 Abs. 4 BGB bekanntlich nicht greift, soweit die vertraglichen Vereinbarungen mitgliedschaftsrechtlicher Natur sind und der Umsetzung des Gesellschaftszweckes dienen.

Stille Gesellschaft

Häufig möchte sich jemand an einem fremden Handelsgewerbe beteiligen, aber nicht offen in Erscheinung treten. Diese Möglichkeit eröffnet die stille Gesellschaft, die nicht als Handelsgesellschaft gilt und auch nicht im Außenverhältnis in Erscheinung tritt. In der Praxis finden sich mehrere Varianten der stillen Gesellschaft.

Der Vertragsschluss ist formfrei. Vorausgesetzt wird gemäß § 230 HGB der Inhaber eines Handelsgeschäfts. Der stille Gesellschafter erbringt im Wesentlichen eine Einlage.

Die Beteiligung am Gewinn regelt § 232 HGB. Außerdem stehen dem stillen Gesellschafter gemäß § 233 HGB Kontrollrechte zu.

Häufig wird im Gesellschaftsvertrag eine Beteiligung am Verlust des Unternehmens ausgeschlossen. Dann besteht das maximale Risiko des stillen Gesellschafters im Verlust seiner Einlagen. Eine Nachschusspflicht besteht nicht.

Die stille Gesellschaft begegnet dem Rechtsverkehr in zwei Varianten:

- Typisch stille Gesellschaft: Bei der typisch stillen Gesellschaft besteht eine Beteiligung an Gewinn und auch am Verlust des Handelsgeschäfts. Der Stille ist grundsätzlich nicht am Gesellschaftsvermögen beteiligt. Er tritt nach außen nicht in Erscheinung.

- Atypisch stille Gesellschaft: Die Praxis hat eine Sonderform entwickelt, die sogenannte atypisch stille Gesellschaft. Hier werden dem stillen Gesellschafter jedenfalls Beteiligungsrechte am Vermögen des Inhabers und meist auch Mitwirkungsmöglichkeiten eingeräumt. Z. B. kann eine Behandlung als Gesamthandsvermögen vertraglich vereinbart werden. Zudem wird dem stillen Gesellschafter auch gesellschaftsvertraglich Einfluss auf Leitung und Verwaltung des Unternehmens verschafft. Der atypisch stille Gesellschafter trägt regelmäßig mit dem Geschäftsinhaber das Unternehmerrisiko und kann Mitunternehmerinitiative entfalten.

Die stille Gesellschaft ist steuerlich interessant. Der Geschäftsinhaber erzielt Einkünfte aus Gewerbebetrieb, während der atypisch stille Gesellschafter Einkünfte aus Kapitalvermögen bezieht. Der stille Gesellschafter ist damit nicht Unternehmer im Sinn des Umsatzsteuerrechts. Bei der atypisch stillen Gesellschaft wird hingegen steuerlich eine Mitunternehmereigenschaft des stillen Gesellschafters begründet, sodass ihm zustehende Gewinnanteile Einkünfte aus Gewerbebetrieb bilden.

Auf den Punkt gebracht

Bei der stillen Gesellschaft tritt der stille Gesellschafter nach außen nicht in Erscheinung. Es handelt sich letztlich um eine Form der Kapitalanlage.

Die Partnerschaftsgesellschaft

Die 1994 mit dem Partnerschaftsgesellschaftsgesetz (PartGG) eingeführte Partnerschaftsgesellschaft ist eine Personengesellschaft freier Berufe, die außerhalb des HGB geregelt ist. Sie besitzt inzwischen große praktische Bedeutung im Wirtschaftsleben. Zusammenschließen können sich Angehörige eines gemeinsamen freien Berufs, aber auch unterschiedlicher freier Berufe.

Beispiele

Die Zahnärzte A, B und C gründen eine Partnerschaftsgesellschaft.

Rechtsanwalt R und Wirtschaftsprüfer W gründen eine Partnerschaftsgesellschaft.

Vorausgesetzt wird jeweils, dass sich Angehörige freier Berufe zusammenschließen, siehe § 1 PartGG. Damit übt die Partnerschaftsgesellschaft kein Handelsgewerbe aus und kann auch nur aus natürlichen Personen bestehen.

Subsidiär finden die Regelungen der GbR Anwendung, soweit im Partnerschaftsgesellschaftsgesetz nichts Besonderes geregelt ist.

! **Merke**
Für den Partnerschaftsvertrag ist Schriftform erforderlich.

Entscheidend ist die Haftung. Hier muss man differenzieren. Soweit es um Verbindlichkeiten der Partnerschaft geht, haften sowohl das Vermögen der Partnerschaft als auch die Gesellschafter der Partnerschaft gesamtschuldnerisch (siehe § 8 PartGG).

> *Beispiel*
>
> *Die Partnerschaftsgesellschaft A & B kauft bei X einen neuen Drucker für die Partnerschaft. Hier haften das Vermögen der Partnerschaft sowie A und B jeweils privat als Gesamtschuldner mit ihrem gesamten Vermögen.*

Etwas anderes gilt, wenn es sich um berufliche Fehler handelt. Hier greift § 8 Abs. 2 PartGG. Danach haften nur die Partner privat, die mit der Bearbeitung des Auftrags befasst waren.

> *Beispiel*
>
> *Im Rahmen der Rechtsanwaltspartnerschaft A & B berät A einen Mandanten falsch. Hierfür haftet die Partnerschaft mit ihrem Vermögen. Privat haftet aber nur der Partner, der den Fall bearbeitet hat (A). B haftet für den Fehler des A nicht.*

Merke
Bei der Partnerschaftsgesellschaft wird für berufliche Fehler eines anderen Partners nicht privat gehaftet.

Societas EURpaea (SE)

Die SE wurde als Rechtsform von der EU eingeführt. Sie soll insbesondere größeren, grenzüberschreitenden Unternehmen Konzernbildungsvorgänge erleichtern. Sie kann nur von bereits bestehenden, aus verschiedenen EU-Mitgliedstaaten stammenden juristischen Personen gegründet werden. Die Einzelheiten regelt die entsprechende Verordnung über die SE aus dem Jahr 2001.

Die SE hat ein in Aktien geteiltes Kapital. Es besteht die Wahl zwischen einem dualistischen und einem monistischen oder Boardsystem.

Beim dualistischen System besteht neben dem Aufsichtsrat auch ein Leitungsgremium. Beim monistischen System gibt es einen einheitlichen Verwaltungsrat für die Geschäfte.

Sowohl die Geschäftsführung als auch die Vertretung obliegen dem Leitungsorgan bzw. dem Verwaltungsorgan.

Umwandlungen

Häufig ergibt sich die Notwendigkeit, im Laufe einer unternehmerischen Tätigkeit die bisherige Rechtsform neuen Gegebenheiten anzupassen.

> ***Beispiel***
>
> *A und B sind Gesellschafter der A & B OHG. Sie möchten gerne ihre Rechtsform in eine GmbH verändern, da ihre Haftungsrisiken größer geworden sind.*

Die Umwandlungen sind im Umwandlungsgesetz (UmwG) geregelt. Hinzu kommt das Umwandlungssteuergesetz.

Es gibt grundsätzlich folgende Arten von Umwandlungen:

- Verschmelzung (Fusion)
- Spaltung
- Formwechsel
- Vermögensübertragung.

Aus diesen Umwandlungen sollen hier die praktisch bedeutsamsten, nämlich Verschmelzung, Spaltung und Formwechsel kurz vorgestellt werden.

Verschmelzung (Fusion)

Für die Verschmelzung ist entscheidend, dass ein oder mehrere übertragende Rechtsträger ihr Vermögen als Ganzes auf einen anderen Rechtsträger übertragen.

Die bisherigen Rechtsträger gehen damit unter, und zwar ohne Auflösung mit anschließender Abwicklung.

Entweder wird das Vermögen auf einen bereits bestehenden Rechtsträger verschmolzen oder dieser wird im Zuge der Verschmelzung neu gegründet.

Verschmelzungen werden oft mit Synergieeffekten begründet. Hinzu kommen steuerliche Motive, die Beseitigung funktionslos gewordener Konzerngesellschaften oder auch die Verschmelzung als Teil einer Akquisition.

Merke
Zwingendes Merkmal der Verschmelzung ist die Übertragung des Vermögens jedes übertragenden Rechtsträgers als Ganzes gegen Gewährung von Anteilen oder Mitgliedschaften an dem übernehmenden Rechtsträger (vgl. § 5 UmwG).

Verschmelzungen setzen grundsätzlich eine Anteilsgewährung voraus. Ausnahmen hiervon können sich ergeben, wenn eine hundertprozentige Tochtergesellschaft auf ihr Mutterunternehmen verschmolzen wird (Upstream-Merger, § 5 Abs. 2 UmwG).

Das Umtauschverhältnis muss gemäß § 12 Abs. 2 UmwG angemessen sein. Diesem Zweck dient auch der Verschmelzungsbericht gemäß § 8 UmwG.

Spaltung

Eine Spaltung ist in den drei Formen

- Aufspaltung
- Abspaltung oder
- Ausgliederung

mit jeweils zwei Unterformen (zur Aufnahme oder zur Neugründung) denkbar.

Mit Wirksamwerden der Spaltung geht das übertragene Vermögen einschließlich aller Verbindlichkeiten ohne besondere Übertragungsakte als Gesamtheit auf die Zielgesellschaft über (siehe § 131 Abs. 1 Nr. 1 UmwG).

Die Spaltung ist letztlich das Spiegelbild der Verschmelzung.

Spaltungen sind insbesondere anzutreffen, wenn

- Haftungsrisiken isoliert werden sollen
- Holdingkonstruktionen umgesetzt werden sollen oder
- Familien- und Gesellschafterstämme getrennt werden sollen.

Auch im Konzernrecht haben Spaltungen eine große Bedeutung.

Kernstück der Spaltung ist der Spaltungsvertrag. Auch hier ist das entscheidende Merkmal, dass eine Übertragung von Teilen der Vermögen der übertragenden Rechtsträger vorgesehen wird, und zwar jeweils als Gesamtheit gegen die Gewährung von Anteilen oder Mitgliedschaften, § 131 Abs. 1 Nr. 3 UmwG).

Merke
Spaltungen bewirken eine Übertragung von Vermögensteilen auf einen anderen Rechtsträger.

Formwechsel

Der Formwechsel wird dadurch entscheidend bestimmt, dass die Identität des Rechtsträgers gewahrt bleibt, also immer nur ein Rechtsträger beteiligt ist.

Eine Vermögensübertragung erfolgt daher nicht. Es geht im Kern um den Wechsel der Rechtsform.

Durchgeführt wird der Formwechsel durch einen entsprechenden Beschluss der Gesellschafter.

Das Umwandlungsgesetz erlaubt einzelnen Rechtsträgern umfassend einen Formwechsel (siehe § 191 UmwG).

Wichtig dabei ist, dass infolge des Identitätsprinzips der Formwechsel weder zu einem steuerbaren Umsatz gemäß Umsatzsteuergesetz noch zu einem steuerbaren Vorgang führt.

Beispiel

Die A & B OHG wird in die A & B GmbH umgewandelt. Etwaige stille Reserven in der Bilanz der OHG werden dann nicht aufgedeckt und sind auch nicht steuerbar.

In Durchführung des Umwandlungsbeschlusses ist gegebenenfalls ein Umwandlungsbericht zu erstellen.

Dieser soll die Information der von der Geschäftsführung ausgeschlossenen Anteilsinhaber sicherstellen. Gegebenenfalls muss ein Angebot der Barabfindung vorgesehen werden (vgl. §§ 194, 207 UmwG). Das dient dem Schutz etwaiger Minderheiten, die die Umwandlung nicht verhindern können.

Merke
Die Eintragung des Formwechsels durch das zuständige Registergericht ist konstitutiv für den Formwechsel.

Betriebsaufspaltung

Die Betriebsaufspaltung ist dadurch gekennzeichnet, dass verschiedene Unternehmen in bestimmter Weise durch ihre Anteilseigner miteinander verflochten sind und dass ein Unternehmen dem anderen zusätzlich noch wesentliche Grundlagen überlässt.

Beispiel

A ist alleiniger Gesellschafter der A GmbH und der A2 GmbH. Die A2 GmbH produziert, während alle Vermögensgegenstände für die Produktion der A GmbH gehören.

Die Betriebsaufspaltung wird häufig gewählt, um Haftungsrisiken zu minimieren.

Wenn die Produktionsgesellschaft risikoreiche Produktionen durchführt, kann das Vermögen der Besitzgesellschaft davon getrennt werden. Häufig kann man durch Betriebsaufspaltungen auch Rechnungslegungs- und Offenlegungspflichten verringern, wenn ein Unternehmen als Personengesellschaft oder Einzelunternehmen konzipiert ist.

Merke
Die Betriebsaufspaltung dient regelmäßig der Risikominderung.

Der Konzern

Konzernbildung

Gemäß § 15 AktG können verschiedene Unternehmensverbindungen einen Konzern bilden.

Beim Konzern entstehen in jedem Fall besondere Mitteilungspflichten.

Im Konzernrecht ist jeder Gesellschafter Unternehmer, der neben seiner Beteiligung an der Gesellschaft wirtschaftliche Interessen außerhalb der Gesellschaft verfolgt, die eine ernsthafte Besorgnis begründen, der Gesellschafter könne um ihretwillen seinen Einfluss zum Nachteil der Gesellschaft gelten machen.

Konzernrechtlich entscheidet der faktische Einfluss.

Wenn ein oder mehrere Unternehmen unter der einheitlichen Leitung eines anderen Unternehmer stehen, spricht man von einem Konzern.

Weithin wird dann der Konzern als Ganzes betrachtet, z. B. gelten besondere Regeln für die Erstellung des Konzernabschlusses.

Differenziert wird zwischen abhängigen und herrschenden Unternehmen.

Ausreichend ist die Möglichkeit des beherrschenden Einflusses. Dieser wird z. B. vermutet, wenn ein Unternehmen an einem anderen Unternehmen die Mehrheit der Anteile besitzt (vgl. § 17 Abs. 2 AktG).

In diesem Fall ergeben sich für das abhängige Unternehmen mehrere Besonderheiten. Insbesondere dürfen seine gesetzlichen Vertreter nicht Mitglied des Aufsichtsrats der herrschenden Gesellschaft sein. Zudem entstehen Mitteilungspflichten (vgl. § 20 AktG).

Aktienkonzern

Eine Verbindung von Aktiengesellschaften bezeichnet man als Aktienkonzern. Zentral sind hier die Unternehmensverträge. Häufig sind Beherrschungs- und Gewinnabführungsverträge anzutreffen. Hier enthält das Aktiengesetz besondere Haftungsvorschriften (siehe § 310 Abs. 4 AktG, § 309 Abs. 3–5 AktG).

Überblick über das Insolvenzrecht

Das Insolvenzrecht hat große praktische Bedeutung, sodass hier einige Grundkenntnisse vermittelt werden sollen.

Insolvenzfähig sind die in § 11 InsO genannten Rechtsträger. Dazu gehören insbesondere natürliche Personen, juristische Person des bürgerlichen Rechts sowie die OHG und die KG.

Das Insolvenzverfahren wird nur auf Antrag eröffnet (siehe § 13 InsO).

Antragsberechtigt sind

- die Gläubiger und
- der Schuldner.

Dabei kann jeder, der einen Anspruch gegen den künftigen Insolvenzschuldner hat, einen entsprechenden Antrag stellen. Allerdings müssen dazu ein Insolvenzgrund sowie ein Interesse an der Eröffnung dargelegt werden.

> ***Beispiel***
>
> *Kaufmann K bezahlt seine Rechnungen nicht. X ist ein Gläubiger des K. Dann kann X grundsätzlich einen Insolvenzantrag stellen.*

Es gibt drei Insolvenzgründe:

- Zahlungsunfähigkeit
- drohende Zahlungsunfähigkeit
- Überschuldung.

Definition Zahlungsunfähigkeit

Zahlungsunfähigkeit liegt vor, wenn der Schuldner nicht mehr in der Lage ist, die fälligen Zahlungspflichten zu erfüllen.

Die Zahlungsunfähigkeit ist von der vorübergehenden Zahlungsstockung abzugrenzen. Letztere liegt vor, wenn

- Außenstände verzögert eingehen

- sofort fällige Verbindlichkeiten unerwartet anfallen oder
- ein Liquiditätsengpass entsteht, der aber innerhalb von ca. zwei Wochen im Kreditwege überbrückt werden kann.

Regelmäßig liegt Zahlungsunfähigkeit vor, wenn der Schuldner seine Zahlungen eingestellt hat, § 17 Abs. 2 InsO.

Die drohende Zahlungsunfähigkeit stellt darauf ab, dass der Schuldner voraussichtlich nicht in der Lage sein wird, die bestehenden Zahlungspflichten im Zeitpunkt der Fälligkeit zu erfüllen. Hier geht es also um eine Prognose.

Definition Überschuldung

Eine Überschuldung gemäß § 19 InsO liegt vor, wenn das Vermögen des Schuldners die bestehenden Verbindlichkeiten nicht mehr deckt.

Die Ermittlung der Überschuldung geschieht mittels eines stichtagsbezogenen Überschuldungsstatus.

- Zunächst muss daher eine Fortbestehensprognose erstellt werden.
- Wird das Unternehmen danach fortgeführt, so ist nach dem Going-concern Prinzip zu bewerten.
- Andernfalls muss nach Zerschlagungswerten bewertet werden.

Beispiel

Der Betrieb von Kaufmann K kann nicht sinnvoll fortgeführt werden. Hier muss das vorhandene Vermögen zu Zerschlagungswerten bewertet werden.

Das Verfahren wird nur eröffnet, wenn die Kosten des gesamten Verfahrens gedeckt sind. Zuständig ist das Amtsgericht als Insolvenzgericht.

Sind die Kosten nicht gedeckt, wird der Antrag auf Eröffnung mangels Masse abgelehnt. In diesem Fall werden natürliche Person in ein Schuldnerverzeichnis eingetragen (siehe § 26 InsO). Juristische Personen werden grundsätzlich aufgelöst.

Ein Eröffnungsbeschluss bewirkt die Beschlagnahme der Insolvenzmasse. Dem Schuldner werden dadurch das Verwaltungs- und Verfügungsrecht über die Insolvenzmasse entzogen. Zudem kann grundsätzlich keine Einzelvollstreckung mehr erfolgen.

Beispiel

Wenn das Insolvenzverfahren über das Vermögen des K eröffnet wird, kann X nicht mehr seine Forderung vollstrecken, für die er ein Urteil erstritten hatte.

Für bestehende Verträge gelten die Regelungen der §§ 103–128 InsO.

Die Gläubiger erhalten im Insolvenzverfahren grundsätzlich nur eine Quote ihres Anspruchs, die sich nach der gesamten zur Verfügung stehenden Insolvenzmasse bestimmt.

Manche Gläubiger sind allerdings besonders geschützt. Gemäß § 47 InsO können bestimmte Gläubiger einen bestimmten Gegenstand aus der Insolvenzmasse herausverlangen, weil dieser nicht zur Insolvenzmasse gehört.

Allerdings kann der Sicherungseigentümer im Insolvenzverfahren des Sicherungsgebers kein Aussonderungsrecht geltend machen, sondern nur ein Absonderungsrecht, vergleiche § 51 Nr. 1 InsO.

Bestimmte Gläubiger können abgesonderte Befriedigung verlangen. Gemäß § 49 InsO kann Absonderung verlangen, wem ein Recht auf Befriedigung aus einem Gegenstand zusteht, der der Zwangsvollstreckung in das unbewegliche Vermögen unterliegt.

Zur abgesonderten Befriedigung aus dem beweglichen Vermögen berechtigen vor allem die Pfandrechte, siehe § 50 InsO.

Im praktisch bedeutsamsten Fall stützt sich das Absonderungsrecht auf eine Sicherungsübereignung oder Sicherungsabtretung.

Zentrale Figur des Insolvenzverfahrens ist regelmäßig der Insolvenzverwalter. Er wird vom Gericht bestellt und ist sogenannte Partei kraft Amtes.

Der Insolvenzverwalter wird Inhaber des Verwaltungs- und Verfügungsrechts über die Masse. Ihn treffen zahlreiche Pflichten:

- Er hat die Insolvenzmasse in Besitz und Verwaltung zu nehmen.
- Ihn treffen die handels- und steuerrechtlichen Pflichten zur Buchführung und Rechnungslegung.
- Er hat in der ersten Gläubigerversammlung über die wirtschaftliche Lage des Schuldners und ihre Ursachen zu berichten und soll die Schuldnermasse feststellen.

Merke
Insolvenzforderungen sind beim Insolvenzverwalter anzumelden und in einer Tabelle zu erfassen.

Schließlich soll der Insolvenzverwalter die Massegegenstände verwerten. Das ist eine wesentliche Aufgabe des Insolvenzverwalters.

Merke
Für Personen, die nicht selbstständig tätig sind oder waren, ist das Verbraucherinsolvenzverfahren geschaffen worden. Es kann im Einzelfall auch auf Selbstständige ausgedehnt werden. Hier sind zahlreiche Vereinfachungen vorgesehen.

Der Autor

Prof. Dr. iur. Michael Timme hat in Osnabrück Rechtswissenschaften studiert und wurde an der Universität Osnabrück promoviert. Im Anschluss an sein Referendariat in Schleswig-Holstein war er mehrere Jahre als Rechtsanwalt zugelassen und zugleich Lehrbeauftragter an der Universität Osnabrück. 2004 nahm er einen Ruf auf eine Professur für Bürgerliches Recht, Handels- und Wirtschaftsrecht in Aachen an. 2011 hat er einen Ruf an die Hochschule Hannover abgelehnt.

Prof. Dr. Timme ist im Nebenamt Richter am Landgericht Aachen und Mitglied des Justizprüfungsamtes bei dem Oberlandesgericht Köln.

Impressum:

Verlag C. H. Beck im Internet: www.beck.de
ISBN 978-3-406-63679-0

Wilhelmstraße 9, 80801 München

Lektorat: Text+Design Jutta Cram, 86157 Augsburg,
www.textplusdesign.de

Satz: Datagroup int. SRL, 300665 Timişoara, România

Umschlaggestaltung: Bureau Parapluie, 85253 Großberghofen

Umschlagbild: H-J Paulsen – fotolia.com

Druck und Bindung: Beltz Bad Langensalza GmbH,
Neustädter Str. 1-4, 99947 Bad Langensalza

Gedruckt auf säurefreiem, alterungsbeständigem Papier
(hergestellt aus chlorfrei gebleichtem Zellstoff)